子どもたちに語る

日中二千年史

小島 毅 Kojima Tsuyoshi

★——ちくまプリマー新書

346

目次 ＊ Contents

はじめに――日本史を世界史の中で考えるということ

私たちが暮らす日本という国の歩みは、常にすぐ隣の世界的大国・中国の圧倒的な影響下にありました。とはいえ、たとえば朝鮮がそうであったように中国との一体化をいつも目指してきたわけではありません（なお、私は通常「韓国」という表現を用いていますが、本書では高校教科書の現状表記にしたがい、原則として「朝鮮」とします）。

日本は文明の世界的基準と認めて中国にあこがれつつも、同時に距離をとって横目に見てきました。本書で見ていくように、こうした歴史的ないきさつが、現在も私たちの内に色濃く影響を及ぼしています。では、日本と中国は、はたして二千年の長きにわたって、どのように関係を切り結んできたのか。この本では、そうした紆余曲折《うよきょくせつ》の道のりについてお話ししていきます。

第1章のテーマは「国家の誕生」で、日本が中国と外交関係を持った始まりと、それによって日本という国づくりを行った、邪馬台国《やまたいこく》から遣唐使《けんとうし》の時代の話です。第2章は

「唐風と宋風――平安時代・鎌倉時代」です。宋風《そうふう》というのは聞き慣れない言葉かもしれませんが、唐《とう》のあとの中国の王朝、宋の流儀の文化を指します。唐と宋とでは性質がかなり異なりますが、いずれもわが国のありように決定的な影響を与えました。第3章は「朝貢から進攻へ――室町・織豊時代」。室町《むろまち》幕府による日明《にちみん》貿易（勘合《かんごう》貿易）や豊臣秀吉《とよとみひでよし》の大陸出兵といったテーマを扱います。第4章は「狭い窓口、深い関心――江戸時代」です。最近の学界では「鎖国《さこく》」という言葉を使うことを避ける傾向がありますが、いわゆる鎖国の時代です。そして第5章は「あこがれから軽蔑へ――近現代」です。ここでは、日中が悲惨な戦争を繰り返したいきさつを見たうえで、いま現在につながるようなお話をしようと思います。

*

本題に入る前に、まずは日本史を世界史の中で考えることの意味について簡単に触れておきます。

手始めに大学入試センター試験の日本史Bの問題を解いてみましょう。

問3　室町・戦国時代の貿易・外交にかかわる地について述べた次の文X・Yと、その所在地を示した地図上の位置a～dとの組合せとして正しいものを、下の①～④のうちから一つ選べ。

X　勘合貿易の明側の港であったこの地では、大内氏と細川氏との貿易の主導権をめぐる対立が起きた。

Y　この地は倭寇の根拠地と考えられたため、応永の外寇とよばれる攻撃を受けた。

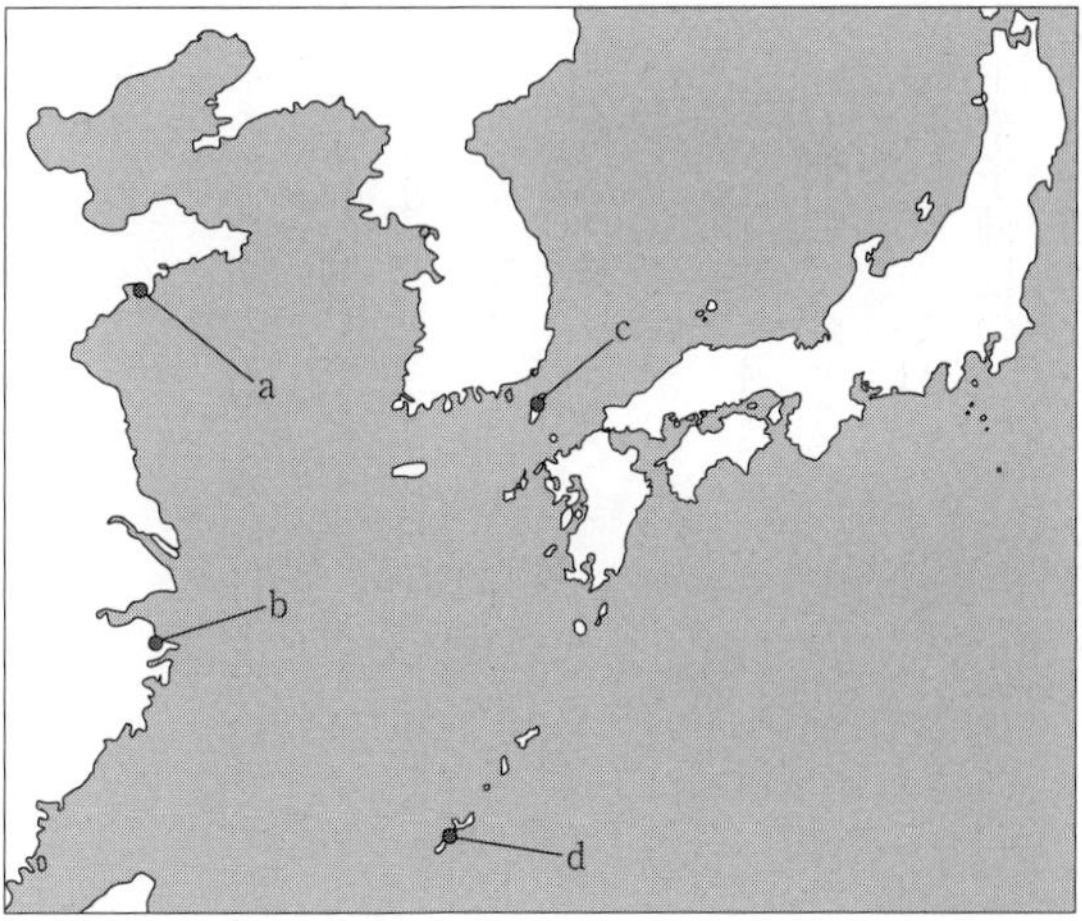

① X—a　Y—c　　② X—a　Y—d
③ X—b　Y—c　　④ X—b　Y—d

この問題（二〇一一年度・第三問問3、一部略）にある地図の右半分は日本列島ですが、左半分はそうではありません。この地図ではいくつかの都市が示され、それぞれa・b・c・dとアルファベットが振られています。cとdは日本ですね（この一部について、「日本ではない」と考える人もいてしばしば問題になりますが、とりあえず今のところは日本国の領土とみなされています）。しかし、a・bは明らかに外国です。もっと言えば中国ですね。なぜ、日本史の試験に中国の地名にかんする問題が出るのか。これは日本がかつてa・bの都市と密接な関係を持っていたことに由来します。

私はセンター入試の問題は毎年見るようにしていますが、東アジアの中の日本史をテーマとした出題は最近の定番です。高校生のみなさん、あるいはかつて受験に向けて日本史の勉強をした大学生のみなさんは、学校の先生や予備校の先生から「この種の問題は毎年出るから注意しておくように」と指導を受けたのではないでしょうか。

このような傾向は、十数年前から顕著になってきました。四〇年ほど前、私自身が高校で学んでいた頃と比べて日本史の内容はかなり変化しています。これは学習指導要領に明記されていることでもありますが、やはり日本史の教科書を書いている先生たちの内的欲求によるところが大きいと思います。日本列島、つまり現在の日本国の範囲内だけで日本史の教科書をつくっていては駄目だ。そういう意識から、教科書がかなり大きく変わってきました。

日本史の教科書に世界情勢という要素が加わり、世界における日本という視点が盛り込まれるようになりました。とりわけ「寧波《にんぽー》」という中国の都市が、二〇〇六年度に出題されて以来、センター入試に頻繁に出てくるようになりました（それ以前の問題で寧波が出てこなかったわけではないのですが、とにかくそれ以降、頻出しています）。

先ほどの問題をもう一度見てみましょう。これは、地図上から「勘合貿易」の港を選ばせるという問題です。このような組み合わせ問題はセンター入試の定番です。解いていると頭の中が少し混乱してくるかもしれません。数学ほどではありませんが、頭の中で組み合わせがちゃんと整理されていないと、マークシートの塗り間違いを犯しかねないですね。

Xには「勘合貿易の明側の港であったこの地では、大内氏と細川氏との貿易の主導権をめぐる対立が起きた」、Yには「この地は倭寇《わこう》の根拠地と考えられたため、応永《おうえい》の外寇《がいこう》とよばれる攻撃を受けた」とあります。これらをよく読むと次のようなことがわかります。Xには「明側の港」と書かれていますから、これは中国のどこかです。一方でYには「攻撃を受けた」と書かれていますから、現在私たちが日本国の領土と認識している場所のどこかを指す。したがってXはaかb、Yはcかdですから、二×二で四通りのパターンがあります。それで①〜④の選択肢を提示しているわけですね。

では日本側では、どこが示されているか。cは対馬、dは沖縄です。Yの「応永の外寇」という言葉を見てすぐに対馬《つしま》を連想すれば、cを選ぶことができる。一方でXには「勘合貿易の明側の港であったこの地」とあり、これは後に詳しく説明するように、寧波を指します。これは歴史地理学の問題で、寧波という地名は覚えていても、場所がわからなければ間違えてしまう。寧波はこの地図の下のほう、bですね。したがってXがb、Yがcですから正解は③です。

ちなみに、aはどこでしょうか。ここはいまの山東省《さんとう》煙台市《えんたい》、昔の地名で登州《としゅう》という、遣唐使の時代に朝鮮や日本との通交に使われた港町です。

寧波が頻出するきっかけとなった二〇〇六年の問題は、いま解いてもらったのとだいたい同じです。組み合わせはちょっと違いますが、やはり地図の中から寧波を選ばせる問題でした。二〇一三年度には事件を順に並ばせる問題が出され、ここでも選択肢に寧波の乱が出てきます。寧波の乱は一五二三年に起きました。これは学術的には寧波争貢事件と呼ばれていますが、教科書では寧波の乱と表記されています。

その問題も見てみましょう（二〇一三年度日本史B第三問問6、一部略）。

問6　中世における日本と中国との交流に関して述べた次の文Ⅰ～Ⅲについて、古いものから年代順に正しく配列したものを、下の①～⑥のうちから一つ選べ。

Ⅰ　中国から渡来した蘭渓道隆が、北条時頼の帰依を得て建長寺を開いた。

Ⅱ　中国から帰国した栄西が、禅宗の一派である臨済宗を伝えた。

Ⅲ　大内氏の遣わした使節と細川氏の遣わした使節とが、中国の寧波で衝突した。

①　Ⅰ―Ⅱ―Ⅲ　②　Ⅰ―Ⅲ―Ⅱ　③　Ⅱ―Ⅰ―Ⅲ
④　Ⅱ―Ⅲ―Ⅰ　⑤　Ⅲ―Ⅰ―Ⅱ　⑥　Ⅲ―Ⅱ―Ⅰ

これも先ほどと同じ組み合わせ問題で、Ⅰ・Ⅱ・Ⅲが起きた年代がわかっていれば簡単に解けます。

まずⅠには「中国から渡来した蘭渓道隆《らんけいどうりゅう》が、北条時頼《ほうじょうときより》の帰依を得て建長寺を開いた」とあります。蘭渓道隆、北条時頼、建長寺と聞いて「ああ、鎌倉時代の中頃だ」とピンとくれば大丈夫です。建長寺が開かれたのは一二五三年ですが、正確な年代を覚えていなくても、こういったキーパーソンやお寺の名前から連想できます。

Ⅱには「中国から帰国した栄西《えいさい》が、禅宗の一派である臨済宗《りんざいしゅう》を伝えた」とあります。栄西と臨済宗はセットですがこれはいつ頃のことで、Ⅰと比べてどちらが先か。

Ⅲには「大内氏の遣わした使節と細川氏の遣わした使節とが、中国の寧波で衝突した」とあります。中国の寧波での衝突、つまり寧波の乱については先ほど答えを言ってしまいました。寧波の乱は一五二三年、室町時代後半（戦国時代）に起きた。これによってⅢが最後であることはすぐわかりますが、ⅠとⅡはどちらが先なのか。

実は、この問題にはヒントが隠されています。Ⅰに「蘭渓道隆が建長寺を開いた」とありますが、蘭渓道隆というのは禅宗・臨済宗の僧侶です。臨済宗を伝えた栄西のほうが年代的に先ですからⅡ－Ⅰ－Ⅲという順番になり、正答選択肢は③になります。年代を暗記しておいて解くのが正攻法なんでしょうけど、このような方法もあります。

ところで、なぜこのような出題がなされるのでしょう？

それは、「日本史」といっても、日本国内だけで完結しないからです。いまの日本が外国との関係なしには考えられないように、（そこまでではないにしても）歴史的にも周囲の国々との関係は重要でした。とりわけ中国は、日本の文化・文明を語る際に欠かせない国です。日本が中国と外交関係をもつようになって以来、二千年間の両国の歩みを大づかみに俯瞰《ふかん》することで初めて、この国の歴史の本当のありようが理解できる。こういって過言ではないでしょう。

これからの時代を生きる若いみなさんは、あらためて世界の超大国に上り詰めた中国とどう向き合うかを、何よりも真剣に考えなければなりません。そのときに不可欠な基礎教養は、日中両国がときに接近し、ときに距離をおきながら、いかにして関係を結んできたのか——その長い道のりをめぐる、大雑把であってもクリアーな認識です。本書は、そうした必要に応えようと描かれた「日中二千年史」です。

＊

なお、本書で「日本」と呼ぶその範囲は、明治時代以前については沖縄県と北海道を含みません。

沖縄は琉球《りゅうきゅう》国として長く中国と独自の交流を行ってきました。現在の国境線における「日本史」である以上、沖縄も当然含まれてしかるべきですし、教科書ではそうしています。しかしながら、一つには私が琉球国の歴史に詳しくないこともありますが、とりわけ本書では古くは倭国として中国の史書に登場した国が中国とどう付き合ってきたかに絞って述べたいことから、あえて沖縄の話を割愛しています。沖縄の読者のみなさんには申し訳ありませんが、ご了解ください。

また、北海道は江戸時代には蝦夷地《えぞち》と呼ばれ、特殊な地域として扱われてきました。ここは文字の記録は残していないものの、考古学的な成果から、昔はサハリンを通じてシベリア方面との交流があったと思われます。シベリアの沿海州と呼ばれる地域は、もともと中国の北方周縁部でした。東シナ海を用いた日本本体の交流とは違う様相を呈していたのです。しかし、この地域についても右と同じ理由で割愛しています。

中国王朝の変遷

神話伝説時代（三皇五帝）

夏

殷（商） 前17世紀？～前11世紀？

周 前11世紀？～前256
- 西周 前11世紀？～前770
- 東周 前770～前256
  - 春秋時代 前770～前403
  - 戦国時代 前403～前221

秦 前221～前206

漢 前206～220
- 前漢 前206～8
- 新 8～23
- 後漢 23～220

三国時代 220～280
- 蜀 221～263
- 呉 222～280
- 魏 220～265

晋 265～420
- 西晋 265～316
- 東晋 317～420
- 五胡十六国時代 304～439

南北朝時代 420～589
- 宋 420～479
- 斉 479～502
- 梁 502～557
- 陳 557～589
- 北魏 386～534
- 西魏 535～556
- 北周 557～581
- 東魏 534～550
- 北斉 550～577

隋 581～619

唐 618～907
- 周 690～705

五代十国 907～979

宋 960～1276
- 北宋 960～1127
- 南宋 1127～1276
- 遼 916～1125
- 金 1115～1234
- 西夏 1038～1227

元 1271～1368

明 1368～1644
- モンゴル

清 1636～1912
- 後金 1616～1636

中華民国 1912～1949
- 満州国 1932～1945

中華民国（台湾） 1949～

中華人民共和国 1949～

第1章　国家の誕生

1　中国文明とは何か

日本に大きな影響を与えつづけてきた中国の文明とはどういうものだったのでしょう？

ところが、「中国とは何か」というそもそもの問い自体、実は答えるのが非常に難しい問題です。「中国の歴史」とよくいいますが、現在の中華人民共和国の領域全体の歴史では必ずしもありません。日本でも、沖縄や北海道が日本国の領土として確定したのは一五〇年前の明治時代です。中国の場合、もっと大きくて複雑な事情がありました。その話題だけで一冊の本になってしまうでしょう。ここではその説明は省略し、日本と歴史的にゆかりの深い地域についてだけ述べます。

日本に稲作を伝えたのは、長江《ちょうこう》の下流、揚子《ようす》江《こう》と呼ばれる大きな川の流域だったろうとされています。昔の通説では朝鮮半島からだとされており、今でも両説並存状態です。ただ、稲はもともと熱帯原産の植物ですから、南方ルートの可能性が高いと私は考えています。揚子江流域には何千年も前から人々が稲作農耕をしながら社会を形成して暮らしていた痕跡が残っています。

一方、北の黄河《こうが》流域には気候条件にあわせて黍《きび》や麦を育て、家畜を食べる社会が生まれました。この地域はやがて占いの結果を亀の甲羅や牛の骨に記録するための文字を発明します。漢字のもとになったもので、甲骨《こうこつ》文字と呼ばれています。政治組織が誕生し、そのリーダーが親子代々世襲されるようになって王朝が生まれます。現在の中国の学界では史上最初の王朝は夏《か》だとしていますが、日本では殷《いん》からを実在の王朝と認めています。夏とか殷とかいうのは『史記《しき》』という歴史書に登場する太古にあったとされる王朝で、考古学的成果によってその存在が実証されてきたわけです。

やがて殷は西方に勃興した周《しゅう》によって滅ぼされます。周の初代の王は武王《ぶおう》ですが、彼は即位してまもなく亡くなったので、弟の周公が摂政となって国の基礎を固めました。殷や周の政治制度は、中央集権ではなく、各地に諸侯と呼ばれる小君主がいてやはり世襲で自分の国を統治し、さらにその下に土地を与えられた貴族がいるという、階層構造からなる仕組みで、封建制度と呼ばれています。周公は封建制度を確立した人として語りつがれることになります。この「封建」ということば自体が当時からのもので、日本やヨーロッパの歴史にこの用語を使うのは、中国史のいわば転用です。

2 中国古代統一国家の成立

こうして黄河流域にあった諸国は互いに競い合いながら文化を育んでいきました。孔《こう》子《し》が活躍するのはその末期、紀元前五世紀初期のことです。

孔子は、周王の権威が諸侯たちによってないがしろにされていたり、その諸侯たちも自分の臣下に実権を奪われていたりする現状を嘆き、昔の偉大な王たち（聖人と呼ばれます）を讃えて、あるべき政治秩序について説きました。なかでも彼が最も敬愛したのが周公でした。孔子は周公が定めたとされる礼を尊重し、これを回復することで秩序の再建をめざしたのです。しかし、彼の理想は実現しませんでした。孔子の死後一五〇年ほどして孟子《もうし》が活躍し、同じく昔の政治秩序を回復することを各国の王たちに説いてまわりました。彼らは礼による統治を主張し、儒家《じゅか》と呼ばれます。

でも、実際に王たちが求めていたのは富国強兵を進めて隣国よりも優位に立つことでした。そのために法と刑による支配が行われました。この政策を進めた人たちを法家《ほうか》と呼びます。秦《しん》という国は早くから法家による政治を行って力をつけました。秦は黄河の上流域という辺境にありましたが、やがて列国のなかで最強となります。そして、ついに他の諸国に戦勝して併合し、中国を統一します。秦王は君主の称号を新しく「皇帝」と定め、自分が初代だからと「始皇帝《しこうてい》」を名のりました。

ところが、秦の強権的な統治は地方の人々の反感を招き、各地で反乱が勃発して秦は三代で滅亡します。その後、劉邦《りゅうほう》という人物が天下を統一し、漢《かん》という王朝を開きました。漢というのは彼が任命されて治めていた地方の名で、秦の場合もそうですが、以後、中国の歴代王朝は創業者にゆかりの地名によって名づけられることになります（ただし、モンゴルの元《げん》王朝以降は、この慣行はなくなります）。

漢は秦の失敗に学んで緩やかな統治をめざしました。法は制定するものの、国の統治理念に儒家の思想を採用するようになっていきます。それにともなって儒家の学者たちも、孔子の教説を体系化して国を治める政治思想として磨き上げます。具体的にはさまざまな礼を整備し、法は礼の理念を実現するための道具であると位置づけました。こうして儒教《じゅきょう》が成立します。

儒教の考え方では、中国の皇帝は天の神から地上の統治を委託されています。このことを「天命を受ける」といいます。そして、昔の聖人たちがそうしていたように、礼に基づく善政を布《し》くという責務を果たします。すると皇帝を慕って遠方の諸外国から使節がやってきて、中国の文化を学ぶようになるとされました。実際、漢代には周辺諸民族の君主に王の称号を与えて皇帝の臣下とし、中国文明の伝播《でんぱ》がなされました。

漢は二〇〇年続いたのち、王莽《おうもう》という大臣に帝位を奪われて一度亡びます。でも王莽の失政によって劉氏一族のひとりが皇帝に即位します。光武帝《こうぶてい》です。そして、これ以降を後漢《ごかん》と呼んで王莽以前の前漢《ぜんかん》と区別しています。

日本が中国とはじめて外交関係を結ぶのは、そんな時でした。

3　倭国の登場

「日本」国誕生

「はじめに」で見てきたように、日本史の教科書および入試問題では東アジアの中の日本、世界史の中での日本史が強く意識されています。そもそも日本の歴史というのは、日本だけでできたわけではない。「日本」という国家の誕生も中国の影響を抜きにしては語れません。

では、国家が誕生する前はどうだったのか。山川出版社の『詳説日本史』（二〇一三年版）から該当部分を読んでみましょう。

「完新世《かんしんせい》になると海面が上昇し、およそ1万年余り前にはほぼ現在に近い日本列島が成立する」

これが日本史の始まりです。日本列島がなければ日本史は成り立ちません。ほぼ現在に近い日本列島が成立したのは約一万年前ですから、一〇万年前には日本なんて存在しませんでした。一時は大陸と地続きでしたが、海面が上昇したことにより日本海が生まれ、対馬《つしま》海峡が生まれます。そこで日本列島ができたわけですが、日本国はまだありません。地質学的に日本列島が誕生した約一万年前にはまだ、日本という国はなかったわけです。

すでにホモ・サピエンス・サピエンス（人類のうち新人、すなわちクロマニョン人から現代人までを指す学名）が世界中で生活しており、日本列島にも人は暮らしていました。そこではわれわれの先祖に当たるであろう人々が暮らしていたわけですが、彼らは自分たちの土地のことを日本とは呼んでいないし、ましてや北海道・本州・九州・四国・沖縄などをひとまとめにして日本列島と呼んでもいませんでした。その意味では一万年前にも「日本列島」は存在しなかったわけですが、そんなことを言っていたら話が成り立たないので、日本史の教科書では最初から日本列島という言葉を使わざるをえません。日本列島という舞台が用意され、そこで日本という国の成り立ち・歴史という芝居が始まります。

次に縄文《じょうもん》時代についての記述（要約）を見てみましょう。「すでに縄文時代から黒曜《こくよう》石《せき》の交易では、中国北部と朝鮮半島、北海道とサハリン・沿海州が繋がっている」。日本列島ができ、そこに人が住んで石器をつくる。しかし石器の材料である黒曜石の交易は日本列島の中だけでなく、外国とも行われていました。その頃は日本という国がなかったため、人々にも国内・国外という意識はありません。まだ文字もなかったので、縄文人がそれを表すためにどういう言葉を使っていたのかは知るよしもないのです。

弥生《やよい》時代になると、今の日本国につながる姿が見えてきます。それはなぜかと言えば、教科書にもあるように「弥生文化は北海道と南西諸島には及んでいない」からです。

南西諸島というのは、沖縄諸島や鹿児島県の奄美《あまみ》群島などを含む島嶼《とうしょ》群です。一九世紀までは、現在の日本国の領土から北海道と南西諸島を除いたものが日本国の範囲でした。北海道は江戸時代、和人《わじん》と呼ばれた日本人が住むようになっていましたが、正式にわが国の領土になったのは明治時代になってからです（一八六九年）。それまでは蝦夷《えぞ》地《ち》と呼ばれていましたが、この時、明治政府によって北海道という名前が付けられました。一方で沖縄には琉球《りゅうきゅう》国という王国がありましたが、これも明治時代、沖縄県として日本国の一部になりました（一八七九年）。

ですから逆に言えば、弥生文化が広がった地域に、そののち律令時代を迎え「日本国」が誕生したことになります。北は陸奥《むつ》国（今の東北地方、すなわち青森県・岩手県・宮城県・秋田県・福島県）から南は薩摩《さつま》（今の鹿児島県西部）に至るまでを日本国とする。律令国家の成立とともにこのような認識が生まれるわけですが、これは弥生文化が広がっていた地域とほぼ重なります。これは日本の原像とも言えますが、この時点ではまだ日本という国は存在しませんし、それを示す名前もありません。

倭王、冊封を受ける

日本の政治組織が中国の史書に初めて登場するのは、紀元五七年の記事です（『後漢《ごかん》書《じょ》』東夷伝《とういでん》）。そこに「倭奴国」という名前で登場します。これはふつう「わのなのくに」または「わなこく」と読みますが、本当にそれで正しいのかどうか確証はありません。

ところで、これをなぜ「わのなのくに」「わなこく」と読み、「わどこく」と読まないのでしょうか。「奴」というのは奴隷の奴ですよね。この当時、中国の北にあった遊牧民族の国は漢字で「匈奴」と表記され、日本語では「きょうど」と読んでいます。また、後世、日本のことを悪くいう表現として「倭奴」というのがあり、この場合は日本語で「わど」と読んでいます。「奴」をこの場合に「な」と読むのは昔からの慣用だとしかいいようがありません。

そもそも中国で書かれた歴史書には、発音記号は振られていません。アルファベットやかなとは違って、漢字はその文字自体は発音を表さない。現在の中国語（北京語）では「倭奴国」はウォーヌークオと発音しますが、これが書かれたのは今から二〇〇〇年も前ですから、発音はこれとも違っていたはずです。

中国の人たちは本当に「わなこく」と呼んでいたのか。当時の使節は中国で「お前らはどこから来たのか？」と聞かれて「へい、倭奴《わの な》というところからです」と答えたのでしょうか？　中国の人たちが彼らのことを実際にどう呼んでいたのかはわかりません。が、とにかく、少なくとも「倭奴」というのが国の名前です。「倭奴《わ な》」の間に「の」を挟んで「わのな」とするのは倭が日本列島全体で、奴はその中の小さな国だからだ。今に至るまで、そういう解釈がされています。

中国の歴史書で、西暦五七年に当たるところに「倭奴国から使者がやってきた」と書かれている。ある地域の人たちが中国の皇帝のところに貢ぎ物を持っていくことを朝貢《ちょうこう》と言います。そして中国の皇帝――この時はすでに紹介した後漢の光武帝です――はこれにたいして「よし、ではわしの家来にしてやろう」と言い、「倭奴国王」という称号を与えました。ここで中国の皇帝から正式に、国の名前とその漢字表記が与えられたわけです。このように、皇帝が近隣諸国の君主に「王」の称号を与えることを冊封《さっぽう》と言います。

朝貢・冊封の関係というのは対等ではなく、君主と臣下、親分と子分の関係です。中国の皇帝と中国領内にいる王たちの間の君臣関係が、そのまま中国と周辺諸国の関係として適用され、朝貢する側は決められた間隔（代替わりごと、数年おき、もしくは毎年）で貢ぎ物を中国皇帝に差し上げます。そのための使節団は正月元旦に中国の都に集められて皇帝に謁見《えっけん》し、それぞれの王宛に返礼としてみやげをもらいます。

朝貢国で王の代替わりがあると、そのことを中国に報告し、新王を正式に認めてもらいます。この新王認証のことも冊封といいます。先ほど儒教の理念では皇帝が地上の統治をつかさどっていると言いましたが、これを現実化したのがこの仕組みなのです。

現在の国際秩序はこれとは違います。今の世界はヨーロッパで生まれた主権国家・国民国家という考え方に基づいていますから、国家同士は対等というタテマエになっています。その対等な国家が集まるのが国際連合ですね。今の国際関係のあり方と、かつての東アジアの国際関係・秩序のあり方は、形式上根本的に異なる。これは本書の重要なポイントになりますから、覚えておいてください。

三谷博さんという日本史の研究者によりますと、日本にとって中国は「忘れ得ぬ他者」です。それはなぜなのか。なぜずっと気になる存在であり続けているのか。日本と中国の間には近代的な国家同士の関係など存在せず、朝貢・冊封を通じて関係を築いてきました。日本は二千年もの長きにわたって、時には「嫌な奴だな」と思い、時にはあこがれつつ、中国とかかわりを持ってきたわけです。

邪馬台国の時代

次に、みなさんもご存知の卑弥呼が登場します。私たち日本人はこれを「ひみこ」と読みますが、先ほどの例と同様、当時の人たちが本当にそう呼んでいたのかどうかはわかりません。中国の歴史書には、この人が二三九年に朝貢したという記事があります。実は五七年から二三九年までの間、一〇七年に一度だけ朝貢の記事があるのですが、ここでは省略しましょう。

先ほどの五七年の記事と比べて、卑弥呼の朝貢記事からはかなり詳しいことがわかります。これが有名な『魏《ぎ》志《し》倭《わ》人伝《じんでん》』です。正確に言いますと『三国志《さんごくし》』の中にある「魏書」の第三〇巻、「東夷伝」の「倭人条」なんですが、煩雑なので略して『魏志倭人伝』と呼んでいるのです。

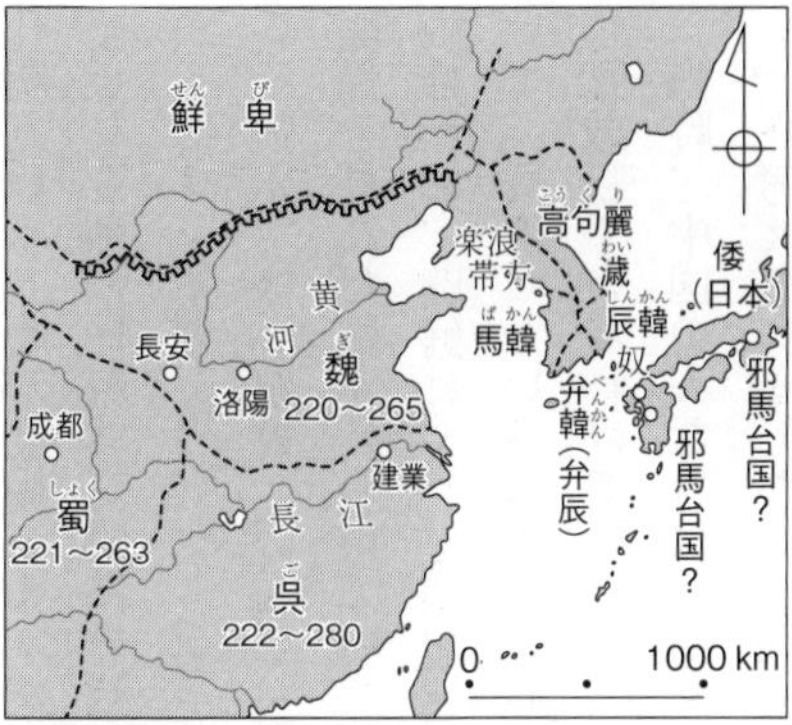

3世紀の東アジア

みなさんの中にも三国志のファンがいるでしょう。現代の三国志ファンの方々が普通に読んでいるのは、明《みん》代に書かれた『三国志演義《さんごくしえんぎ》』という小説です。ただ関心が深まってくれば、三世紀に書かれた『三国志』自体を現代日本語訳でお読みになるかもしれません。『三国志』には劉備《りゅうび》や諸葛《しょかつ》孔明《こうめい》という人物が登場しますが、卑弥呼は彼らと関わりがあったわけではありません。なぜなら卑弥呼が外交関係を結んだのは『三国志演義』の悪役、曹操《そうそう》が治めた魏だったからです（劉備が治めたのは蜀《しょく》です）。

『三国志』は「魏書」「呉《ご》書」「蜀書」という三つの部分で成り立っています。魏が外交関係を結んだ国々についての記述をまとめて「東夷伝」に載せています。ここには日本のほかに、朝鮮についての記述もあります。「東夷伝」では卑弥呼が治めた人たちについて「倭人」という言葉が使われているので、私たちは卑弥呼が日本列島にいた女王だと認識しているわけです。

当時、中国の人たちは「周りに暮らす人たちは自分たちよりも格下で、文明的ではない」と考えていました。方角ごとに人々を分類し、それぞれ東夷・南蛮《なんばん》・西戎《せいじゅう》・北狄《ほくてき》と呼んでいました。これらは、あくまで中国人による類別であって、南蛮と呼ばれた人たちがお互いに仲間意識をもって「俺たち南蛮人だよな」と言いあっていたわけではありません。

日本で、戦国時代にポルトガルやスペインからやってきた宣教師や商人たちのことを南蛮人と呼びましたが、今の私たちからすれば彼らは西洋人ですよね。当時の人たちは今で言うインド、東南アジアあたりの人たちのことを南蛮と呼んだので、そこを経由してくる西洋人のことも南蛮人と呼んだのでした。

倭は、東夷の中のひとつとして位置づけられていました。中国からすれば周りには多様な民族が暮らしていて、自分のところに貢ぎ物を次々と持ってくる。倭もその中のひとつに過ぎなかったわけです。

卑弥呼は邪馬台国の女王だったと言われています。『魏志倭人伝』によれば、これ以前、倭国は多くの小国に分かれていました。あの「倭奴国」もそのひとつだったのでしょう。ところが、互いに戦いあうようになります。『魏志倭人伝』では「倭国大乱」と記述しています。そこで各国の君主が話しあい、宗教的な力をもっていたひとりの女性を王として奉戴《ほうたい》することで皆が一緒にまとまることにしたのです。その女性の名が「卑弥呼」、その国が「邪馬台国」と記録されているのです。

邪馬台国はどこにあった？

邪馬台国の所在地については今でも議論が続いており、これには大きく分けて大和説《やまと》（畿内説《きない》）と九州説があります。大和というのは今の奈良県ですが、もう少し範囲を広げて大阪府という可能性もあるため、畿内説とも言われています。畿内というのは近畿地方のことですね。

邪馬台国は近畿地方にあったのか、それとも九州地方にあったのか。実は、これらはいずれも新井白石《あらいはくせき》（一六五七〜一七二五年）が唱えた説です。『三国志』に出てくる邪馬台国、およびその女王とされる卑弥呼はどこにいたのか。新井白石というのは、そういうことを学術的に考え始めた最初の人です。新井白石は朱子学《しゅしがく》者で、幕政に参与します。教科書に正徳《しょうとく》の治というのが出てきますね。正徳というのは江戸幕府の六代将軍徳川家宣《とくがわいえのぶ》・七代将軍家継《いえつぐ》の治世の年号で、新井白石は儒学思想をもとに文治主義と呼ばれる諸政策を推進し、日本の政治を大きく動かしました。

では新井白石は、邪馬台国論争についてどう発言しているか。一七一六年に書かれた『古史通或問《こしつうわくもん》』では「卑弥呼とは神功皇后《じんぐうこうごう》のことである」として、大和説を唱えています。神功皇后とは、『古事記《こじき》』や『日本書紀《にほんしょき》』では、日本武尊《やまとたけるのみこと》（古事記では倭 建 命《やまとたけるのみこと》）の息子である仲哀《ちゅうあい》天皇の后《きさき》として描かれている人物です。その神功皇后と卑弥呼が同一人物であるとして、神功皇后は大和、すなわち奈良県におられたので邪馬台国も奈良県にあったに違いない、と言います。

ところが他方で、執筆年不詳の『外国之事調書《がいこくのことしらべしょ》』で白石は、邪馬台国は筑後《ちくご》国山門《やまと》郡《ぐん》、いまの福岡県にあったという説を唱えています。この山門には神功皇后が地元の豪族を討伐しにやってきたことがあるというので、ここそが邪馬台国だというのです。このように白石は、両方の説を唱えています。

国学者として有名な本居宣長《もとおりのりなが》（一七三〇～一八〇一年）は、より明確に、魏に使節を送った「邪馬台国」は九州だと主張しました。彼の考えでは、日本全土の君主（この時は神功皇后）が中国の皇帝に朝貢するはずがないのです。なぜなら日本の君主は天照大神の子孫で、中国の皇帝よりも神聖で貴い存在だからです。中国の皇帝に朝貢して「親魏倭王」にしてもらって喜ぶなどということを、神功皇后がなさるわけがない。必ずや、地方の豪族が彼女の名を騙《かた》ってそうしたにちがいないのです。

彼のこうした考え方には江戸時代の人たちの日本国の成り立ちについての認識、および中国についての認識が大きくかかわってきます。ですので、江戸時代についてお話しするとき、より詳しく説明するつもりです。

明治時代になると実証的な歴史研究が進み、宣長のような偏見から解放されて史実に即した邪馬台国探究がなされます。こうして、考古学の発掘の成果も勘案しつつ、内藤《ないとう》湖南《こなん》が畿内説、白鳥庫吉《しらとりくらきち》が九州説を提唱し、論争を展開しました。彼らの死後もなお、それぞれの説の後継者は自分が見つけてきた新しい証拠・発掘成果を駆使しつつ、論争を展開しています。

内藤湖南は京都帝国大学、白鳥庫吉は東京帝国大学でそれぞれ教鞭《きょうべん》を執っていました。ですから京都は畿内説、東京は九州説という傾向がずっと続いていたのですが、最近ではこの枠組みがだいぶ崩れてきています。たとえば、私の知人の日本史研究者では、東京大学史料編纂所の所長を務めた保立道久《ほたてみちひさ》さんが畿内説、京都にある国際日本文化研究センターの倉本一宏さんが九州説を主張し、最近の座談会でも論争しています（「邪馬台国は「三世紀の明治維新」だ」『文藝春秋』二〇一八年九月号）。

記紀の編纂事業

ここで『古事記』と『日本書紀』の成立事情について話しておきましょう。『古事記』の序文は西暦に直すと七一二年に書かれたことになっています。「なっています」と言うのは、この序文がもっとあと、九世紀になってから書かれた偽物だと主張する人もいるからです。私もその説に心惹かれるのですが、ここでは通説どおり七一二年のものとしておきましょう。この序文は『古事記』が完成したことを天皇に報告するために書かれています。

平城遷都《へいじょうせんと》が七一〇年ですから、七一二年は奈良時代の初頭ですね。この序文は太安万侶《おおのやすまろ》という人が書いています。本格的な立派な漢文です。それによると、天武《てんむ》天皇が「帝紀《ていき》」と「旧辞《きゅうじ》」を整理して正しい歴史書を編纂《へんさん》しようと考えました。天武天皇は六七三年から六八六年まで在位していた天皇なので、この序文より三〇~四〇年前のことです。当時、記憶力にすぐれた稗田阿礼《ひえだのあれ》という人がいたので、天武天皇は自分で彼に「正しい歴史」を語り聞かせ、暗記させました。それを数十年後に元明《げんめい》天皇（天武天皇の姪《めい》です）

が、太安万侶に命じて書きとらせたのがこの本、のちに『古事記』と呼ばれることになる歴史書だというのです。

「帝紀」とは歴代天皇の伝記的記録、「旧辞」は各氏族に伝わっていた物語的な記録だとされています。安万侶は漢文（中国語）でこの序文を書いたので「帝紀」・「旧辞」という漢字の熟語を使っていますが、天武天皇のときからそう呼ばれていたわけではないだろうと、私は思います。当時はまだかなが発明されていませんから、もしこれらが書かれたものだったとしたら、漢字のみで表記されていたはずです。

あるいは、口頭伝承だったのかもしれません。天武天皇が稗田阿礼に語り聞かせた『古事記』本文は、音声としては当時の日本語だったようです。それを、安万侶が工夫して、もしくはすでに存在していた書記方法によって、漢字のみだけれどもいわゆる漢文（中国語）ではないかたちで表記しています。詳しくは、高校生向けに書かれた岩波ジュニア新書の『知の古典は誘惑する』（二〇一八年）という本の『古事記』の章を読んでください（私が書いていますので）。

一方、『日本書紀』は七二〇年に完成しました。こちらも天武天皇のときに編纂命令が出て以来、数十年がかりでできあがったということになっています。『古事記』との最も大きな相違は、こちらはきちんとした漢文で書かれているということです。

この二つの歴史書はまとめて記紀と呼ばれますが、ではなぜほぼ同時期に二種類の歴史書が作られたのでしょう。簡単にいえば、『古事記』は国内向け、『日本書紀』は外国向けということになるかと思います。現代でたとえてみれば、ほぼ同じ内容の論文を日本語と英語の二種類で書くようなものです。

どうしてそんなことをするかは想像してみてください。漢文（今の英語に相当）で書かなければ外国の人たちは読めません。一方、日本国内で流通させるには日本語で書くほうが有効です。しかも、「ほぼ同じ内容」と言いましたが、『古事記』は多くが歌をともなった物語風、『日本書紀』は淡々とした政治記事が多くて中国の史書風という、書き方のちがいがあります。そのため、『古事記』は年代表記がおおざっぱですが、『日本書紀』は初代の神武天皇即位以降、ほとんどの事件が何年に起きたかを明記しています。『日本書紀』のこの書式は、明らかに中国の歴史書の模倣です。

つまり、『古事記』は国内で伝承されていた多くの「お話」を整理して、天皇家がどのように系譜をつないできたかを語って聞かせた本、『日本書紀』は当時の国際語で日本国の成り立ちを記録した本なのです。話の大筋は同じで、天の神々の子孫が君主としてこの国を治めてきた経緯を紹介しているのです。

なお、両者のちがいをもう一点指摘しておけば、『日本書紀』は書名どおりこの国を「日本」と表記していますが、『古事記』にこの語は登場しません。用いられているのは「倭」で、伝統的にこれを「やまと」と読むことになっています。先ほど、ヤマトタケルの表記を記紀それぞれで紹介したのが、まさにそうなっていますよね。

卑弥呼と神功皇后

神功皇后が西暦に直せば三世紀に活躍していたと明記しているのは、『日本書紀』のほうだけです。ちなみに、実は記紀どちらの本にも「神功皇后」は登場しません。「神《じん》武《む》天皇」にせよ「天武天皇」にせよ、歴代天皇を漢字二字で表記するやり方は八世紀後半にまとめて考案されたのです。神功皇后のことを、『古事記』では主として「息長帯比売命」(他の呼び方もある)、『日本書紀』では「気長足姫尊」と表記しており、どちらも「おきながたらしひめのみこと」と読むことになっています。

さて、なぜ『日本書紀』で三世紀に神功皇后が活躍したことにしたかといえば、『三国志』での卑弥呼の活躍年代に合わせたのです。そのため新井白石は単純に「卑弥呼と神功皇后は同一人物である」として、畿内説を唱えました。その一方で本居宣長は「卑弥呼はたしかに神功皇后のことなんだろうけど、中国の歴史書で朝貢者として登場するのは偽物だ」と考え、九州説を唱えました。二人とも、卑弥呼と神功皇后が同時に活躍していたことから、同一人物であると信じ込んでいたのです。

しかし中国側は、もともと神功皇后のことを卑弥呼と記載したつもりは毛頭なかったのです。卑弥呼は日本列島のどこかに実在し、中国に使節を送った。『日本書紀』の編纂者は実在の卑弥呼、つまり『三国志』に記載された卑弥呼に基づいて神功皇后という架空の人物を造形し、その活躍年代を卑弥呼がいた年代に合わせたというのが真相です。

このように言うと、「お前は自分の祖先（日本人である『日本書紀』の編纂者）よりも、外国人が言うことのほうを信用するのか！」とお怒りになる方がいそうですが、どう言われようとも事実は曲げられません。「それでも地球は回っている！」（ガリレオ）。

このように日本の歴史は、中国の歴史書に書かれていることを意識しながらつくられ始めました。神功皇后の活躍年代がそうであるように、『日本書紀』に記録されている年代は編纂過程でつじつまを合わせている場合がほとんどで、史実でないものが多いのです。もちろんある出来事が実際にその年に起きたと考えられるケースもありますが、たいていはそうではなく、一筋縄ではいきません。

神武天皇即位年の謎

中でも特筆すべきは、初代神武天皇の即位にかかわる記述です。『日本書紀』の記述によると辛酉《かのととり》の年の正月元日に神武天皇は即位しました。これは西暦に直すと紀元前六六〇年に当たりますが、編纂者はなぜこの年にしたのか。『日本書紀』の編纂者たちは中国の思想に基づき、神武天皇が即位した年を辛酉年（前六六〇年）としたのです。ちなみに神武天皇が即位した年を第一年とすると、二〇二〇年は二六八〇年になります。これは神武紀元、皇紀などと呼ばれます。

中国の古い時代に緯書《いしょ》と呼ばれる一群の書物があり、ここに辛酉革命説《しんゆうかくめいせつ》についての記述があったとされています（「されています」というのは、現物は存在せず、平安時代に三《み》善清行《よしのきよゆき》という学者がそう引用しているからです）。辛酉の年には革命が起こる。革命と言ってもフランス革命やロシア革命、中国の文化大革命のような近代的な意味での革命とは違います。そうではなく、天命が革《あらた》まって新しい王朝（dynasty）ができる、新しい人が王様になるという意味ですね。紀元前六六〇年に当たる年の干支《えと》は辛酉（かのととり・しんゆう）です。

では『日本書紀』の編纂者はなぜ、数ある辛酉の年の中から紀元前六六〇年を選んだのか。これはあくまで近代の学者たちの推測ですが、『日本書紀』の編纂が始まった頃、紀元後六六一年は辛酉なので、それから一三二〇年前の紀元前六六〇年を初代天皇即位の年としたのではないか。一三二〇年という期間を一蔀《ほう》と呼び、一つの長い時代を意味するからです。

日本という国はいつから始まったのか。初代の神武天皇は何年に即位したことにすればいいか。『日本書紀』の編纂者はそこで「じゃあ、西暦六六一年から一三二〇年前の年にしよう」と考え、この年に決めた。これは先ほど名前が出てきた内藤湖南の『日本文化史研究』に書かれていることですが（「日本文化の独立」）、この説を最初に唱えたのは那珂通世《なかみちよ》という人です。那珂は一蔀を一二六〇年とし、紀元後六〇一年が起点だったという説を唱えています。六〇一年といえば、聖徳太子《しょうとくたいし》が斑鳩宮《いかるが》を建立した年ですね。

引き延ばされた在位年数

ともあれ『日本書紀』の編纂者たちが緯書の辛酉革命説に基づき、紀元前六六〇年を日本国の始まりの年と定めたことは間違いありません。そもそも紀元前六六〇年に当たる年に、日本に干支を使う暦があったとは、とても考えられません。最近の研究では弥生時代の年代はだいぶさかのぼると考えられていて、紀元前一〇世紀に始まるとされていますから、紀元前六六〇年といえばもう弥生時代になってはいますけれど。

しかし、この頃に神武天皇（『日本書紀』の表記では神日本磐余彦天皇《かんやまといわれひこのすめらみこと》）が即位したとは、考古学などの情況証拠からとても考えられません。しかも、『日本書紀』によると、神武天皇以下の歴代天皇が在位した期間が次ページの表のようになっています。

宗教として神道教義を信じる人はさておき、歴史学としてはこれらの年数をそのまま鵜呑《うの》みにするわけにはいきませんよね。

しかも、紀元前六六〇年というのが聖徳太子の時代（紀元後六〇一年）や大化《たいか》の改新《かいしん》後の国づくりの時代（六六一年）からさかのぼって定められた年次であると推測できる以上、これらの在位年数は年代のつじつま合わせのためにあとから創られたものにすぎないと考えるのが妥当でしょう。

また、この操作は、はじめから代数（天皇の人数）はある程度決まっており、これを神功皇后＝卑弥呼の時期にあわせるために在位年数をふつうの人の寿命よりも大幅に伸ばして行われたことも察しがつきます。

『古事記』『日本書紀』という日本製の歴史書があるのに、現在の

初代神武から 16 代仁徳の歴代天皇在位年数

	天皇名（漢風諡号）	在位期間
1代	神武天皇	前 660〜前 585 年
2代	綏靖天皇	前 581〜前 549 年
3代	安寧天皇	前 549〜前 511 年
4代	懿徳天皇	前 510〜前 477 年
5代	孝昭天皇	前 475〜前 393 年
6代	孝安天皇	前 392〜前 291 年
7代	孝霊天皇	前 290〜前 215 年
8代	孝元天皇	前 214〜前 158 年
9代	開化天皇	前 158〜前 98 年
10代	崇神天皇	前 97〜前 30 年
11代	垂仁天皇	前 29〜70 年
12代	景行天皇	71〜130 年
13代	成務天皇	131〜190 年
14代	仲哀天皇	192〜200 年
（神功皇后が子・応神の摂政として政務を司る）		
15代	応神天皇	270〜310 年
16代	仁徳天皇	313〜399 年

歴史学が五世紀頃までのできごとについては中国の歴史書を用いるのはそのためです。中国の歴史書にも、それを書いた人たちの都合による事実の改変はあるでしょうが、ここまでのことはしていないだろうからです。

4 律令国家と中国

さて、ここで中国の歴史のつづきを見ておきましょう。先ほどは後漢の光武帝が即位したところまでお話ししました。

後漢も前漢同様、約二〇〇年つづきます。しかし、政治が乱れて庶民の暮らしが苦しくなり、宗教結社太平道《たいへいどう》による黄巾《こうきん》の乱《らん》が起こって権威が崩れます。群雄が割拠する状態から三つの国が生き残りました。魏・呉・蜀です。そう、先ほども触れた三国志の時代ですね。

中国の三国時代は、魏のあとをうけた晋《しん》（二六五〜四二〇年）という王朝によって統一されます（二八〇年）。ところが、皇帝の一族（司馬《しば》氏）の間で帝位をめぐる内輪もめが起き（八王《はちおう》の乱《らん》）、その隙をついて北方の異民族が中国本土に侵入してきます。晋の皇帝は殺され、皇子の一人が南方の建康《けんこう》（いまの南京《なんきん》）で新しく皇帝に即位します（三一七年）。これ以前を西晋《せいしん》、これ以降を東晋《とうしん》と呼びます。

東晋は一〇〇年つづいて宋《そう》にとってかわられ、以後、斉《せい》・梁《りょう》・陳《ちん》という王朝が建康を都に栄えます（南朝）。三国時代の呉に始まり、東晋を経て陳にいたる六つの王朝が南京に都を置いたので六朝《りくちょう》時代と呼ばれます。

一方、北中国には五つの異民族が建てた王朝を中心に一六の国が興亡したため、五胡《ごこ》十六国《じゅうろっこく》の時代と呼ばれます（三〇四〜四三九年）。これをまとめたのが北魏《ほくぎ》（三八六〜五三四年）で、そのあとの北斉《ほくせい》・北周《ほくしゅう》とあわせて北朝と呼ばれます。

宋以降の南朝と北魏以降の北朝が並び立っていたのが、南北朝《なんぼくちょう》時代です。これらをすべて再統一したのが、隋《ずい》です。そして隋の第二代皇帝煬帝《ようだい》の失政のあとをうけて、唐《とう》が誕生します。六一八年のことです。

ところで、古くから法律のことを「律《りつ》」といいました。といいますか、「法律」という日本語（中国語でも同じ漢字を書いてファーリューといいます）は、古代中国のことば、法と律を合成した熟語です。律にはもっぱら刑罰規定が書かれていたので、法律のなかでも刑法に相当します。これとは別に、行政法に相当するものを「令《りょう》」といいました。皇帝制政治秩序は、律と令という二種類の法典によって支えられていたので、これをまとめて律令と呼びます。南北朝時代には法典の条文が体系的になり、その思想理念として儒教が用いられるようになりました。唐はさらにそれを洗練させます。

七世紀の日本が本格的な統一国家をめざしたときに模範となったのは唐の律令制度であり、その学習のために遣唐使《けんとうし》船には留学生が乗っていました。彼らは僧侶《そうりょ》の留学生が仏教を学んだのと対をなして、国づくりに欠かせない儒教と律令の勉強をしたのです。

5 遣唐使

倭の五王

西暦五七年の倭奴国、西暦二三九年の卑弥呼と同様に、遣唐使も朝貢使節団でした。少なくとも中国の人たちは、日中で対等の外交が行われているとは考えていなかった。

遣唐使以前、中国の歴史書には「卑弥呼の跡継ぎである壱与《いよ》という女性が二六六年に朝貢してきた」という記事があります。彼女は台与《とよ》とも表記されます（壹＝壱と臺＝台とは字形が似ています）。壱与と卑弥呼の血縁関係については不明ですが、一説によると姪だったのではないかと言われています。

しかしその後一五〇年間、中国の歴史書から倭についての記述は消えてしまう。卑弥呼や壱与が登場するのは三世紀ですが、中国の歴史書に再び倭が登場するのは五世紀になってからです。

南朝の宋の歴史書である『宋書』の東夷伝に、倭から計五人の王が朝貢してきた記述があります。いわゆる倭の五王です。これは日本史の教科書に出てきますね。

倭の五王のひとりひとりが日本に伝わった天皇のなまえで言うと誰に当たるのかということについては、今でも学界で議論されています。『宋書』の漢字表記によれば、倭の五人の王は讃《さん》・珍《ちん》・済《せい》・興《こう》・武《ぶ》です。このうち武が雄略《ゆうりやく》天皇（『日本書紀』の表記で大《おお》泊瀬幼武尊《はつせわかたけのみこと》）であることは、考古学的な遺物（埼玉県のさきたま古墳群出土の鉄剣銘）によって実証されています。讃については、応神《おうじん》天皇か仁徳《にんとく》天皇だろうとする説が有力です。つまり、応神天皇から雄略天皇までの大王たちは五世紀の人たちだったことになります（雄略天皇は応神天皇の曾孫です）。

倭王武（雄略天皇）は、『宋書』によれば皇帝に上奏文を奉って懇願した結果、朝鮮半島に対する軍事指揮権をもつ安東《あんとう》大将軍に任じられています。ただし、このことを記紀はまったく記録していません。おそらく、天皇が中国皇帝に朝貢して将軍に任命してもらったというのは、君臣関係にあったことを意味するので記録してはまずいと政治的に判断されたのでしょう。権力者にとって都合の悪い事実は歴史の記録から抹殺されることが多いですから、注意が必要です。よく実験データの捏造《ねつぞう》・改竄《かいざん》が話題になりますが、歴史のうえではこれは権力者の常套《じょうとう》手段でした。

遣隋使を送った倭王多利思比孤

五世紀に倭の五王が朝貢した後、またもや一〇〇年以上にわたって、日本のことは中国の歴史書に記録されていません。そして、『隋書』の「東夷伝」の倭の条に、多利思《たりし》比孤《ひこ》という人についての記録が出てきます。倭王の多利思比孤は六〇〇年・六〇七年の二回、長安《ちょうあん》に使いを送ってきた。二回目の使い、つまり遣隋使は有名な小野妹子《おののいもこ》です。彼は多利思比孤からの手紙を携えており、そこには次のようなことが書かれていました。

「日出ずるところの天子、書を日没するところの天子に致す」
「太陽が昇る方向にある国の天子が、太陽が沈む方向にある国の天子に手紙を送ります」という意味ですね。「私は東のほうの天子、あなたは西のほうの天子で、どちらも天子ですよね」。多利思比孤は、そういう手紙を送ってきたわけです。

日本ではこの『隋書』「東夷伝」の記述をめぐって、長らく次のようなことが言われてきました。これは倭王の多利思比孤が「隋の皇帝に臣従せず、家来にはならない。お互いに対等だぞ」という意思を表明するものだ。多利思比孤というのは七世紀初めの人で、『日本書紀』によれば、その頃は厩戸皇子《うまやとのみこ》が摂政《せっしょう》として政治を行っていた。厩戸皇子とは仏教において、聖徳太子と呼ばれる特別な人である。よってこれは、聖徳太子が書いた手紙である、と。

実に一〇〇〇年以上にわたってそういうことが言われてきたわけですが、『隋書』「東夷伝」を見ると「其王多利思比孤遣使朝貢（そのおうたりしひこ　けんしちょうこうす）」と書かれているに過ぎません。多利思比孤という人が誰なのか、本当はわからない。山川の『詳説日本史』でも聖徳太子については厩戸王という表記がありますが、多利思比孤については「誰のことか不明」としている。これが現在の歴史学研究の正直な成果です。かつては勝手な推測から「多利思比孤イコール聖徳太子だ！」と言っていたわけです。

『隋書』によると、倭の君主が多利思比孤です。聖徳太子は『日本書紀』によれば皇太子兼摂政であって、決して君主（天皇）ではありません。このときの大王は推古《すいこ》天皇、女性です。「比孤」は彦で、男性の敬称（女性なら姫）だから、「聖徳太子が摂政として遣隋使を派遣したのだろう」と言われるわけですが、でも卑弥呼は女王として魏から認められていましたよね。聖徳太子が推古天皇をないがしろにして、「俺様が倭の天子であるぞ」と隋の皇帝に手紙を送ったのだとすれば、これは推古天皇に対してとても無礼な行為、いや、それどころか反逆行為ではないでしょうか？　聖徳太子は仏教界の聖者だからでしょうか、どうも古来、歴史上の人物としての彼への評価が甘いように思えてなりません。

対等外交のウソ

まあ、多利思比孤が聖徳太子であろうとなかろうと、『隋書』には「倭の王が使いを送り、朝貢してきた」と書かれているわけですから、少なくとも向こうは対等な外交だと思っていない。さらに『隋書』には、次のように書かれています。隋の皇帝は「この手紙は無礼である。今後こういう手紙を持ってきたら、もう私には取り次がないように」と言った、と。

日本側ではその文言を逆手に取り、「聖徳太子は傲慢な中国の皇帝に喧嘩を売った。これはたいしたものだ」ということで評価してきました。多利思比孤はたしかにその手紙で、自分たちは対等な関係であるということを主張するつもりだったのかもしれません。

しかし、実際には両国が対等外交をしたという事実はその後もずっと、実に明治時代になるまでありません。中国は一貫して日本を格下の朝貢国（もしくは朝貢すべきなのにしてこない国）としか見てこなかったからです。しかし日本では『日本書紀』が完成して以来ずっと、「中国皇帝と日本天皇は対等な立場だ」ということになっています。

さて、『日本書紀』では、隋の皇帝にこの手紙が送られたのは六〇八年となっています。『隋書』では六〇七年となっていますから、一年ずれていますね。『日本書紀』にはその手紙の冒頭に「東天皇敬白西皇帝《ひがしてんのうけいはくにしこうてい》」と書かれていたとされています。これを読み下すと「東の天皇、敬《つつし》みて西の皇帝に白《もう》す」です。敬白という言葉は、いまでは手紙の最後に使います。東の天皇が敬意を込めて、西の皇帝に申し上げますよ。そういう文言にして天皇・皇帝という対等な称号を使っています。

私個人としては、『日本書紀』のこの記述は『隋書』を参照しながら書いた創作ではないかと思っています。しかし研究者の中には、『隋書』に記録されている六〇七年の手紙と『日本書紀』に記録されている六〇八年の手紙は別物だと考える人もいます。前の年の手紙が隋の皇帝に不評だったので、文面を柔らかくした（でも対等性を主張した）というのです。本当のところはよくわかりません。

遣唐使における日唐関係

七世紀初めに隋の短い時代が終わると、いよいよ唐の時代に入ります（六一八～九〇七年）。唐は三〇〇年近くつづいた王朝で、三世紀のはじめに漢が亡んで以来、久しぶ

遣唐使表（『改訂版 詳説 日本史研究』山川出版社より作成）

	年代	規模	備考
1	630〈舒明2〉 出 632〈 4〉 帰	?	使節犬上御田鍬 (帰)旻
2	653(白雉4) 出 654(5) 帰	241人 2隻	2つの使節が同時出発，高田根麻呂の船難破
3	654(5) 出 655〈斉明1〉 帰	2隻	高向玄理，唐で死亡
4	659〈 5〉 出 661〈 7〉 帰	2隻	第一船漂着
5	665〈天智4〉 667〈 6〉 帰	?	
6	669〈 8〉 出 ? 帰	?	帰国不確実
7	702(大宝2) 704(慶雲1) 帰	?	
8	717(養老1) 出 718(2) 帰	557人 4隻	(往)阿倍仲麻呂・吉備真備・玄昉
9	733(天平5) 出 734(6) 736(8) 帰	594人 4隻	第三・四船遭難 (帰)真備・玄昉
10	752(天平勝宝4) 出 753(5) 754(6) 帰	120余人 4隻	使節藤原清河・真備。第一船遭難。鑑真渡来
11	759(天平宝字3) 出 761(5) 帰	99人 1隻	迎入唐大師の派遣
12	761(5)	(4隻)	中止
13	762(6)	(2隻)	中止
14	777(宝亀8) 出 778(9) 帰	4隻	第一船難破。第二～四船漂着
15	779(10) 出 781(天応1) 帰	2隻	
16	804(延暦23) 出 805(24) 帰	4隻	(往)橘逸勢・最澄・空海。第三船難破
17	838(承和5) 出 839(6) 帰	600余人 4隻	使節小野篁の不服。(往)円仁。第二・三船遭難
18	894(寛平6)		菅原道真の建議により遣唐使中止

りに安定した政府が存続しました。しかも、唐は漢の最盛期よりも広い領域を支配し、北方の異民族たちは唐の皇帝に「天可汗」という称号を送って臣従します。可汗とはトルコ系のことばで皇帝を意味しますので、漢民族による儒教文明圏のみならず、北方文明圏にも君臨したわけです。都の長安には、東西南北各地から外交使節や商人、さまざまな宗教者が集まり、世界の中心として栄えました。

　日本はこの時代を通じて約二〇回、遣唐使を送ります。

任命されたけれど行かなかった場合もあるので正確な回数を算定するのが難しいため、ここでは「約」を付けています。この時、使節は先ほどの遣隋使と同じように天皇の手紙（国書）を携えて行ったのでしょうか。そして日本の天皇は、倭の五王のように唐の皇帝から王として冊封されたのでしょうか。

日本の使節は唐へ「国書」を持っては行かなかったので、唐の皇帝から王として冊封されることはなかったとされています。したがって日本と唐は朝貢・冊封関係ではなかった。日本ではこれが通説的な理解で、教科書もそう読み取れるような記述になっていますが、学術研究の現場ではこれにたいして異を唱える人も出てきています。

以下はそれらをふまえた私の解釈です。九四五年に完成した『旧唐書《くとうじょ》』にも、『三国志』『宋書』『隋書』と同様に「東夷伝」があります。『旧唐書』「東夷伝」には倭国と並んで朝鮮半島にあった国々、百済《くだら》国、新羅《しらぎ》国についての記録が載っています。百済・新羅については明確に冊封し、君主のことを王と呼んでいるけれども、倭国については冊封したとは書かれていない。ただし、君主のことを王と呼んでいます。「其王姓阿毎氏《あめし》」（その王の苗字は阿毎である）と書かれているのです。でも「阿毎が遣わしてきた使節を冊封し、日本国王にしてやった」という記述はありません。

しかも面倒なことに、ここでは倭国と日本国とを分けて記述している。『旧唐書』「東夷伝」では倭国の後に日本国が出てきます。これはなぜかというと、西暦七〇二年の第七回遣唐使が初めて「われわれは日本国の使節である」と名乗ったからです。

ここでようやく「日本」という国名が中国の歴史書に登場します。それまでは倭奴国、倭の邪馬台国、倭国と書かれていたし、聖徳太子と同一人物とされる多利思比孤も倭王と呼ばれていた。日本側の史料を見ても、あえてその称号を拒絶したという記載はありません。しかし七〇二年の遣唐使は「われわれは日本国の使節である」と名乗った。そこで中国の人たちは「日本国と倭国は別だ」と認識したらしく、『旧唐書』では日本国について、倭国とは別に記述しています。

でもここで、倭国と日本国はつながっている。七〇二年以降、倭国は登場しないし、日本国は七〇二年以前には登場しない。中国では、七〇二年の遣唐使（唐に着いたのは七〇三年です。一般に遣唐使の正確な年代を特定することは難しい。なぜかというと遣唐使が任命された年、都を出発した年、九州を出航した年、中国の都に到着した年がそれぞれ違って

8世紀の東アジアと日唐交通路

いるからです）をもって倭国が日本国に変化しました。つまり「日本」は、ここで初めて国際デビューするわけです。

この時期、粟田真人《あわたのまひと》、阿倍仲麻呂《あべのなかまろ》、橘逸勢《たちばなのはやなり》、高階真人《たかしなのまひと》などといった人たちが遣唐船で中国に渡ったけれども、このうち阿倍仲麻呂は日本に帰ってこられませんでした。『旧唐書』にはこれらの人たちの名前とその人となりが紹介されていますが、日本国の王についての記述は一切ありません。百済や新羅のような正規の朝貢・冊封関係と比べると、これは明らかに異質です。

天皇

もう少し踏み込んで考えてみましょう。『旧唐書』が完成してから一一五年後、宋

（九六〇～一一二七年）の時代の一〇六〇年に完成した『新唐書《しんとうじょ》』があります。先に書かれたのが『旧唐書』、あとから作られたのが『新唐書』で、書名もそれを区別するための便宜的なものです。これらを比較してみると、倭国・日本国についての記述が大きく異なっています。

『新唐書』では神武天皇から光孝《こうこう》天皇までの歴代天皇の諡《おくりな》を列記し、さらには「日本では、自分たちの君主のことを天皇と呼んでいる」として天皇という称号も紹介しているのです。しかし編纂者は日本の君主が天皇であることを認めていなかったらしく、本文では「其王孝徳《こうとく》」「其王文武《もんむ》」「其王桓武《かんむ》」というように天皇のことを王と呼んでいる。ですからやはり、日本の君主を皇帝より格下の「王」と見ていたのでしょう。

天皇という称号は七世紀後半、皇帝と同格の君主号として成立したとされています。これはすなわち、大王《おおきみ》が天皇《すめらみこと》に変わったということです。

中国思想の根幹をなす儒教の名分論では、王と皇帝は異なるとされている。王は皇帝の臣下で、冊封の対象です。中国国内にも王はたくさんいます。たとえばある皇帝について、その弟たちは王になります。これは日本で言うと、親王に当たるような人たちですね。日本でも、天皇の直系で三親等以上離れた皇族男子のことを王と言います。中国ではご褒美として偉大な政治家・将軍を王に任じるので、国内にも王はたくさんいるわけですが、外国の君主が朝貢してくるとやはり王にする。

朝貢・冊封関係というのは皇帝と王の関係です。皇帝と天皇が対等だとすれば、朝貢・冊封関係が成り立ちません。『新唐書』では、日本には天皇という称号の君主がいることを紹介していますが、本文では「其王孝徳」「其王文武」「其王桓武」というように天皇のことを王として扱っています。つまりここでは、自分たちの君主である皇帝よりも下の存在として扱っているわけです。彼らが日本を見る視線はあくまで、下の者を見る視線です。

『新唐書』の天皇の呼称は、前に述べたように記紀編纂後、八世紀後半に定められた漢《かん》風諡号《ぶうしごう》に基づいています。それで神武・孝徳・文武などといった呼び方を紹介しているわけです。ということは、八世紀後半にこれらの諡号が決まった後の情報にもとづいているはずです。しかも一〇世紀なかばの『旧唐書』には記載されていません。これはどうやら、宋の時代になってからはじめて中国に伝わったものだと思われます。

『旧唐書』がすでに完成していた一〇世紀末に宋の宮廷を訪ねた東大寺の僧・奝然《ちょうねん》は、「王年代記」と呼ばれるものを持参したといわれています。しかし「王年代記」というのは中国の歴史書の表記で、日本側の史料にはそれについての記録が残されていないため、奝然が持参した本の表紙に本当にそう書かれていたのかどうかはわかりません。私個人としては、そうではないと思います。なぜなら日本では君主のことを王ではなく、天皇と呼んでいるからです。

もっとも、奝然が先方に気を利かせてあらかじめ「王」にしておいたのかもしれません。あるいは、仏教界では儒教のように厳密に皇帝と王（つまり、日本であれば天皇と王）の称号を区別しないので、彼自身はこだわりがなかったのかもしれません。それはともかく、奝然が歴代天皇の漢風諡号が載っている本をデータとして中国に提供し、『新唐書』の編纂者たちがそれを使ったことは、ほぼ間違いないと思います。

中国は『魏志倭人伝』以来、日本を東夷のひとつとして扱い、その君主を王と認識していたわけですが、唐は日本を冊封できませんでした。しかし、いま言ったように中国の人たちは天皇のことを王と呼んでいるわけですから、両国が対等な関係にあるとは思っていない。『隋書』にあるのと同じように、唐の皇帝に対しても日本の天皇は中国に手紙を送ったかもしれません。その際に相互の関係を表す文言では、相手の皇帝に対して幾分へりくだった内容だったのではないでしょうか。つまりそれは「天皇も皇帝も天子だ」というように、対等であることを主張するような手紙ではなかったのではないでしょうか。

遣唐使の意義とその終焉

最後に、遣唐使の意義とその終わりについてお話しします。遣唐使派遣というのは律令の編纂・修訂、これに関連する諸制度の整備などといった国づくりのために行われていた国家事業です。これによって多くの学生が中国に渡って学び、その一部の人たちは無事日本に戻って活躍した。彼らは主に儒教と仏教を学び、前者においては律令や礼儀作法、軍学を学びました。その代表格が吉備真備《きびのまきび》です。今、仏教というと狭い意味で捉えられがちですが、当時はそれだけでなく工学や医学の知識も学びました。満濃池《まんのういけ》（香川県）などの溜池を造ったとされる空海《くうかい》は、その象徴的な存在ですね。日本は遣唐使の派遣事業によって国づくりをし、かたちを整えていったわけです。

かつては八九四年が遣唐使廃止の年とされており、私も「道真が　白紙《はくし》に返す　遣唐使」という語呂合わせで年代を覚えましたが、実際にはそうではなかった。この年に遣唐使に任命された菅原道真《すがわらのみちざね》は「今の中国は内戦状態で都までたどりつけそうにないから、今回の派遣はやめにしましょう」と提案し、行くのを取りやめた。だからこの年に遣唐使が廃止されたとは言えない。いまの教科書では、そのように記述されています。

実際に派遣された最後の遣唐使は八三八年のものです。九世紀の弘仁・貞観文化は唐風の文化といわれています。そして遣唐使が廃止された後、一〇～一一世紀には国風文化が栄えたといわれていますが、近年ではこれについても見直しが進んでいます。

藤原京と大宝律令

先にも述べたように、七〇二年に日本を出発し、七〇三年に中国に到着した遣唐使が初めて「われわれは日本国の使節である」と名乗りました。その前年の七〇一年に「大宝律令」が制定され、さらにさかのぼって六九四年には「藤原京《ふじわらきょう》」がつくられています。

これは飛鳥の西北部、奈良県橿原《かしはら》市と明日香村にかかる地域ですね。七〇二年に遣唐使が派遣されるまでに、こういった一連の流れがあります。

藤原京というのは日本で初めて本格的な町・都市を伴った都です。それまでは飛鳥の辺りに大王《おおきみ》が住んでいる場所が点々と存在していたわけですが、藤原京では計画的に都市を整備し、その中に御所をつくりました。これは中国式、つまりは世界標準の都です。律令編纂事業もずっと続いていましたが、七〇一年に大宝律令《たいほうりつりょう》が完成した。そして翌七〇二年、遣唐使が派遣されるわけです。

この遣唐使が初めて、現在も私たちが使っている「日本」という国名を名乗ったわけですが、彼らはあらかじめ、中国に着いたら国の名前を変えたことをちゃんと報告するよう命じられていました。そのため、中国側の史料（『旧唐書』）ではあのような書き方になっているのです。

では国内でも、これとほぼ同時期に倭から日本になったのか。この点については論争があります。もしかすると遣唐使がそう名乗った以前から、日本という国になっていたのかもしれません。日本ではその頃すでに極めて整然とした都がつくられていたため、律令で「これからは倭ではなく、日本という名前にしよう」と定めた。おそらく、そういう一連の流れがあったのではないかと思います。それが正確にいつなのかはわかりませんが、遅くとも七〇二年には日本になっていたことは間違いないでしょう。

また、前に天皇(てんのう・すめらみこと)という称号についてもお話ししましたが、これも律令という中国モデルの法典がつくられたことと関係しています。日本は明治時代になるとヨーロッパをモデルとして憲法をつくりますが、グローバル・スタンダードとしての法典をつくるという点では律令も同じですね。

元号

では、大宝律令の大宝とは何なのか。これは元号(年号)で、やはり中国起源です。日本で最初の年号は何だかわかりますか? 大化です。六四五年に政変があり、初めて大化という年号が定められたため、この時から始まった新しい政治のことを大化の改新と言う。かなり長い間、そう言われてきました。私たちの世代は「大化の改新」と教わりましたが、現在の教科書には「乙巳《いっし》の変《へん》」と書かれています。

ただし、実際に六四五年に大化という元号が定められたのかどうかはわかりません。『日本書紀』にはそう書かれていますが、当時の文書には「大化という年号を使っていた」とは書かれていない。政変後すぐに元号採用が決まったなど、不自然な点があり、私はあとからさかのぼってこの年を「大化元年」ということにしたのだろうと考えています。

『日本書紀』では六四五年に大化という年号を定め、そのあといくつかの年号がありましたが、その後しばらく使われなくなっています。これが復活するのが大宝です。それ以来、現在に至るまでの一三二〇年間、わが国にはずっと元号があります。

七世紀の終わり、天皇、元号、都、律令はあわせてセットで整備されました。日本は国づくりをしていくために、中国をモデルとしてこれらを整備した。中国にはこれらが全部揃っていた。もちろん中国では天皇と言わずに、皇帝と言うわけですが。

以上、第1章では本書の問題意識と、日本の国づくりに際しての中国の影響についてお話ししました。中国の存在は「影響」という程度のことばでは言い表せない、もっと巨大なものでした。漢字で表記された「日本」とか「天皇」、あるいは漢文で書かれた律令や『日本書紀』などの事例からも、中国がなければ日本という国は生まれなかったことがおわかりいただけたことと思います。

「天皇、元号、都、律令」、それに「倭《やまと》」あらため「日本」という国号をもって、私たちが暮らしているこの日本国が成立しました。七世紀と八世紀の境目あたりのことです。記紀が八世紀はじめに完成するのは、これと関係しています。自分たちの国の成り立ちを、国内（『古事記』）・国外（『日本書紀』）に向けて説明する役割が、記紀にはあったのです。それは、中国の史書に記載された「倭奴国」や邪馬台国や倭の五王についての記載とは異なる意味をもつ、「日本人自身による自国の歴史」なのです。

第2章　唐風と宋風——平安時代・鎌倉時代

1　遣唐使時代の終わりとその後の東アジア

天台宗と新羅商人

本章のテーマは「唐風と宋風」です。第1章でも述べましたが、私たちのような古い世代は「遣唐使は八九四年に廃止された」と教わり、「道真が　白紙に返す　遣唐使」という語呂合わせで年を覚えました。しかし現在の教科書では、次のような記述に変わっています。八九四年、菅原道真は遣唐使に任命されたが、中国の政情不安を理由に派遣の中止を進言し、それは受け入れられた。その後、遣唐使が派遣されることはなかったため、結果的にはそこで廃止になった、と。

五七ページの遣唐使表をもう一度ご覧ください。八九四年の前に遣唐使が派遣されたのは八三八年で、実質的にはこれが最後となりました。ここでは六〇年近く、ほぼ干支ひと回り分の間隔が空いていますね。八九四年からおよそ六〇年前の八三八年、遣唐使が日本を出発した。その時の日本の年号は承和《じょうわ》だったので、歴史学では「承和の遣唐使」と呼んでいます。「承和の遣唐使」は、実際に派遣された最後の遣唐使です。その次に計画されたのが八九四年の遣唐使ですが、中止された。これ以降、中国との外交関係・政府間交流は途絶えることになります。

　私が学生だった頃の教科書には、「遣唐使が廃止された後、中国との関係は一時期中断された」と書かれていましたが、実際にはそうではなく、仏教、特に天台宗《てんだいしゅう》の教団は中国との関係を保ち続けました。平安時代の初め、最澄《さいちょう》は中国に渡って仏教を学び、帰国してから比叡山延暦寺《ひえいざんえんりゃくじ》を建立して天台宗の開祖となりました。空海《くうかい》のもたらした真言《しんごん》宗《しゅう》も盛んでしたが、天台宗は日本最大の教団でした。天台宗はその後も中国との関係を保っていましたが、真言宗はあまり熱心ではなかったようです。

　天台宗教団が中国との関係を保ち続けるにあたって、朝鮮半島にある新羅《しらぎ》（三五六〜九三五年）がかかわってきます。百済《くだら》と高句麗《こうくり》は、七世紀後半に唐・新羅連合によって滅ぼされていました。新羅の商人は中国や日本に行き、今で言うところの国際貿易活動をしていました。新羅でも天台宗が盛んであったため、日本の天台宗の僧侶たちは新羅商人のネットワークを使い、中国との関係を取り結んでいたようです。

ここで、「はじめに」のセンター入試の問題（二〇一一年）の地図をもう一度見てみましょう。aは山東半島の南側にあり、この近くに新羅商人が活躍していた赤山浦《せきざんほ》という港町があります。地図を見てもわかるように、ここは新羅から海を挟んですぐのところですから、新羅と中国を行き来するには便利な場所です。新羅商人はそれで、ここに中国側の拠点をつくったわけですね。現在も、山東省は、中国における韓国企業の根拠地の一つです。

円仁

新羅商人が活躍したことはいろいろな史料からわかっています。一番まとまったかたちで書かれているのは円仁《えんにん》という天台宗の僧侶が書いた『入唐求法巡礼行記《にっとうぐほうじゅんれいこうき》』です。この書名は読み下すと「中国に出かけていき、仏の教えを求めて巡礼した旅行記」となります。この本は、円仁が帰国してからまとめたものです。

円仁は八三八年の「承和の遣唐使」の一員として中国に出かけていきましたがすぐには帰らず、自分の意志でそのまま中国に残りました。長期留学して、仏教の研究をしようと思ったわけです。ところが西暦八四五年、中国で仏教にたいする大弾圧事件が起こり（会昌《かいしょう》の廃仏《はいぶつ》）、円仁もひどい目にあいます。彼はそこで「日本に帰りたい」と思うのですが、先ほども言ったようにそれ以降、遣唐使は来ない。彼は「あと一〇年もすれば遣唐使が来るだろう」と思っていたかもしれませんが、それを待っていたら永遠に帰れなかったでしょう。その時、彼の帰国を助けたのが新羅商人でした。

中国風への改名

新羅商人は唐の都・長安にも住んでいたようですが、赤山浦のあたりを拠点としていた張保皐《ちょうほうこう》や張詠《ちょうえい》が円仁の手助けをしたと言われています。張保皐の新羅名は弓福《きゅうふく》ですが、「ちょうほうこう」「きゅうふく」というのは漢字の音読みですから、当然のことながら現地の発音とは違っている。この人は張宝高というように、別の漢字でも表記されます。今でも韓国では九世紀に活躍した新羅を代表する人物として英雄視されており、韓国海軍が運用しているドイツ製潜水艦は「張保皐《チャン・ボゴ》」と名づけられています。また、これと同型の潜水艦は「張保皐級潜水艦」と呼ばれています。

先ほども言いましたように張保皐というのは中国名で、新羅名は弓福です。大韓民国の大統領朴槿恵《パク・クネ》・文在寅《ムン・ジェイン》や北朝鮮の独裁者の金正恩《キム・ジョンウン》というのは中国式の名で、彼らの昔ながらの土着の氏名ではない。

これは言い方を間違えると危ないんですが、韓国・北朝鮮の人たちが自分たちの土着の名前ではなく、中国風の氏名を名乗るようになったのは新羅の頃からです。張保皐《チャン・ボゴ》は弓福という新羅名と張保皐《ちょうほうこう》という中国名を持っていましたが、朴槿恵や金正恩は中国風の名前しか持っていない。これはなぜか。朝鮮の人たちは新羅の時代に中国的な国づくりを終え、自分たちの名前も中国風にした。つまり、そこで文明化したんでしょうね。

日本でも、平安時代になってからこれと似たようなことをやっています。すなわち、奈良時代には藤原不比等《ふじわらのふひと》、藤原仲麻呂《なかまろ》、阿倍仲麻呂というような名前でした。それが菅原道真、藤原道長《みちなが》といったように漢字二文字の中国風の名前になります。

不比等・仲麻呂という名前の中国人はいませんが、道真・道長というのは音読みすると「どうしん」「どうちょう」となる。これは明らかに中国風で、中国にこういう名前の人がいても不思議ではない。さらに当時は菅原・藤原の上の一文字だけを書き、たとえば菅原道真であれば「菅道真」、藤原道長であれば「藤道長」と署名した。こう書くと、中国の人みたいでしょう。平安時代に天皇の子孫が新しく造った家である源氏・平氏も一文字ですよね。「平清盛《たいらのきよもり》」や「源頼朝《みなもとのよりとも》」は、張保皐と同様、中国風の氏名だったわけです。

渤海か高麗か

本題に戻りましょう。新羅の北、現在の中国東北部・朝鮮半島北部・ロシアの沿海地方に渤海《ぼっかい》という国がありました（六九八〜九二六年）。渤海というのは本来、遼東半島と山東半島の内側にあり、黄河が注ぎ込む湾状の海域のことです。この国は渤海に面していないし、治めてもいないのですが、朝貢使節が中国に行く時に渤海を渡る。それで中国の皇帝から「じゃあ、お前の国は渤海だね」と言われ、国の名前としました。

新羅と渤海は九世紀末から一〇世紀初めにかけて滅び、朝鮮半島には高麗という国ができます。日本文学を代表する長編小説、かな文学の最高峰である『源氏物語《げんじものがたり》』の冒頭、「桐壺《きりつぼ》」にはこれらの国が出てきます。

『源氏物語』は京都の宮廷の物語で、京都以外の場所はほとんど出てこないにもかかわらず、東アジア世界の影が色濃い。特に冒頭「桐壺の巻」で光源氏《ひかるげんじ》（彼も源氏ですが、この物語のどこを読んでも本名が出てこないのでこう通称しています）が子どもの頃に「こまうど」に人相を見てもらったとあります。「うど」は「まろうど」の「うど」と同じで、「人」の意味です。「こま」は高麗《こうらい》のことだと言われてきましたが、どうやら渤海のことらしい。彼らは高句麗の子孫を称していたし、日本でもそう認識していたからです。石井正敏さんの『東アジア世界と古代の日本』（山川出版社、二〇〇三年）、河添房江さんの『源氏物語と東アジア世界』（NHKブックス、二〇〇七年）にこのことが指摘されています。

呉越との交流

さて、唐は九〇七年に滅亡します。玄宗《げんそう》皇帝の時、七五五年から七六三年にかけて起きた安史《あんし》の乱（安禄山《あんろくざん》の乱）により、唐はすでに衰えていました。菅原道真が八九四年に遣唐使に任命された時、「唐は内戦状態だから、とてもじゃないけど行けません」と言って断りましたが、その十数年後、実際に唐は滅びます。しかし、日本ではそれ以降も中国のことを唐《から》と呼び続けました。

ずっと時代が下って一二世紀の終わり、南宋《なんそう》の時に中国に渡った重源《ちょうげん》は記録に「入唐」と記している。先ほど触れた九世紀の僧、円仁の旅行記は『入唐求法巡礼行記』でしたが、重源が出かけていった時は南宋になっている。ですから「入唐」ではなく「入宋」になるはずですが、彼はそう書かなかった。もちろん周囲の人には「宋に行ってきたよ」と言ったでしょうけど、記録としては「入唐」と書いた。これは今、私たちが「中国に行く」と言うような感じですかね。唐というのはもともと王朝名ですが、ここでは国の名前として使われています。

唐は約三〇〇年も続いた世界帝国で、日本に計り知れぬほど大きな影響を与えた。当時の日本人にとって、中国といえば唐というイメージが強かった。唐という時代はこの後も、東アジアの国際関係の仕組みを理念的に拘束し続けます。日本にとって、唐というのは象徴的かつ重要な存在でした。

その後、日本と実際にかかわりを持ったのは南のほうにあった呉越《ごえつ》という国です（九〇七～九七八年）。唐の滅亡後、北のほうを中心に五つの短い王朝（後梁・後唐・後晋・後漢・後周）が代わる代わる興りました。これを五代諸王朝と言います。黄河流域の中原《ちゅうげん》、洛陽《らくよう》や長安のあたりを治めていたそれらの王朝と日本の間に、直接の交流はありませんでした。なぜなら南のほうには、五代諸王朝の力が及んでいなかったからです。呉越の領土には、すでに何度か言及した寧波《にんぽー》が含まれます。

この国は名目上、五代諸王朝に臣従し、朝貢《ちょうこう》して呉越国王に冊封《さつぽう》されていました。これは倭の五王が中国の皇帝に朝貢し、倭国王にしてもらっていたのと同じです。五代諸王朝の皇帝は、呉越という地域を直接統治してはいませんでした。だからこそ呉越は朝貢し、国王に冊封されていたわけです。当時、寧波は明州《めいしゅう》と呼ばれていましたが、この明州を通じて呉越と日本の間の通商、仏教の交流が行われていました。西暦でいうと一〇世紀のことです。

2　唐風と国風

「唐風文化」か「唐文化」か

ここでは唐風と国風についてお話しします。『詳説日本史』（二〇一三年版）の六四ページには、次のような記述があります。

唐風文化と平安仏教

平安遷都から9世紀末頃までの文化を、嵯峨・清和天皇の時の年号から弘仁・貞観文化と呼ぶ。（中略）嵯峨天皇は、唐風を重んじ、平安京の殿舎に唐風の名称をつけたほか、唐風の儀礼を受け入れて宮廷の儀式を整えた。また、文学・学問に長じた文人貴族を政治に登用して国家の経営に参加させる方針をとった。

貴族は、教養として漢詩文をつくることが重視され、漢文学がさかんになり、漢字文化に習熟して漢文をみずからのものとして使いこなすようになった。このことは、のちに国風文化の前提となった。

嵯峨《さが》天皇の在位は八〇九～八二三年、清和《せいわ》天皇の在位は八五八～八七六年です。当時は中国が文明の中心でしたから、日本のみならず東アジア中の人が中国人にあこがれた。そこでこのように唐風が大流行しました。さっき述べたように、日本を含む東アジア諸国で名前が中国式になるのもこの時期です。

さらに『詳説日本史』七四ページには、国文学の発達についての記述が出てきます。これも読んでみましょう。

国文学の発達

9世紀後半から10世紀になると、貴族社会を中心に、それまでに受け入れられた大陸文化を踏まえ、これに日本人の人情・嗜好を加味し、さらに日本の風土にあうように工夫した、優雅で洗練された文化が生まれてきた。このように、10～11世紀の文化は国風化という点に特色があるので、国風文化と呼ばれる。

以上は現在使われている教科書の記述ですが、ではこれが三十数年前の教科書となると、どのように記述されていたか。私の世代が使った『詳説日本史』の一九八〇年版では重要なポイントで記述の仕方が――きわめて微妙ではありますが――異なっています。まず見出しに「唐風文化」という言葉がなく、「弘仁・貞観文化」となっている。この言葉は現行版の『詳説日本史』にも出てきましたね。では、これも読んでみましょう。

弘仁・貞観文化
……そのおもな特色は、新しい仏教、ことに密教がさかんになったことと、唐文化をじゅうぶんに消化して漢文学が発展したことである。（五七ページ）

国風文化
平安時代の文化は、10世紀以後、そのおもむきが大きくかわっていった。それは文化の国風化という点にあるので、これを国風文化または藤原文化とよぶ。（六九ページ）

藤原氏全盛時代に栄えたから、藤原文化と呼ぶ。これらの記述にはそれほど違いがないように見えるかもしれませんが、実は、ここでの微妙な表現の違いは重要な歴史認識の違いを表しています。歴史を見る側、認識する側にいる現在の私たち、あるいはこの教科書を使っている高校生のみなさんにどういう歴史像、歴史イメージを持ってもらいたいか。そのメッセージが変化していると言ったほうがいいかもしれません。

一九八〇年の記述では、次のような書き方になっています。弘仁・貞観文化というのは唐文化を十分に消化したものだが国風文化はそうではなく、あくまで日本独自のものである。しかし現行版では「唐文化」ではなく、「唐風文化」と書かれています。「唐文化」というのは中国の文化ですが、「唐風文化」は日本の文化です。現行の教科書では次のようなことが書かれています。弘仁・貞観時代の文化は唐風文化で、ここで大陸文化を十分に消化したことはのちの国風文化の前提となった。それまでに受容した大陸文化を発展・深化させ、日本風にアレンジしたものが国風文化である。ここで日本風にアレンジする作業を国風化と呼ぶ。

「国風」とは何か

そもそも「国風」という言葉はどういう意味でしょうか。これは中国の言葉で、儒教の経典である『詩経《しきょう》』の部だてのひとつです。『詩経』は「風《ふう》」「雅《が》」「頌《しょう》」の三つの部分で構成されています。「風」は「国風」とも呼ばれ、西周時代・春秋《しゅんじゅう》時代の一五の国・地域の民謡の歌詞とされるものが収められています。日本でいえば『万葉集』の防《さき》人《もり》の歌のようなものです。

平安時代の日本人は「国風」という言葉を大和言葉に翻訳し、「くにぶり」と表現しました。これは地方性という意味ですね。このように、「国風」のもともとの意味は日本風・和風ではありませんでした。

今、国風という言葉が日本風・和風の同義語のようになっているのはなぜか。当時の日本人にとって、世界の中心は中国でした。中国の普遍的な文化の対概念として、日本の特殊性・お国ぶりのことを「国風」と言っていた。

現代で言うと、これは近代文明にたいする各国独自の伝統文化に当たります。近代文明とはヨーロッパやアメリカなど、いわゆる西洋から発生したものです。今ではアメリカの力が強く、アメリカ風になることをグローバル化・国際化と言いますが、それは単なるアメリカ化にすぎない。しばしば、何にかんしても「アメリカではこうしている。だから日本もこうしなきゃいけない」と言うアメリカかぶれの人がいますよね。しかし、一方でアメリカに代表される近代の西洋文明にたいして、日本独自の文化があり、それを大事にしようという主張もあります。

平安時代もこれと同じような構造だったということです。つまり当時は中国がグローバル・スタンダードでしたから、国づくりから始まって、何から何まで中国に合わせた。貴族の名前も中国風にした。

しかし彼らはこのようにグローバル・スタンダードに合わせる一方で、次のような認識を持っていました。中国すなわち世界文明とは違う日本独自のものもあり、たとえば和歌・大和歌というのは中国の詩（漢詩）とは違う。これが国風の文化である、と。

つまり弘仁・貞観年間（九世紀）で中国風の文化が終わり、一〇世紀になると日本文化の時代に完全に変わったわけではなく、中国文化を取り入れる一方で、それとは異なる日本古来のことばや歌を大事にしようという運動が生じた。それが「国風」だということです。

そのために漢字を簡略化した文字が作られました。「かな」です。これは「仮名」、つまり「仮の文字」であって、「真名《まな》」こと漢字から派生した、非正規の文字という意味なのです。要するに、グローバル・スタンダードとしての中国文明は一〇世紀以降も日本列島に存在し続けたのです。

本書にも漢字がたくさん使われていますが、これは中国から来たものです。国風文化にしてかなに全部置き換わるのであれば漢字はひとつもなくなるはずですが、実際にはそうなってないでしょう。日本では漢字をもとにした「かな」という独自の文字が九世紀につくられ、それによって『源氏物語』などが書かれたわけですが、一方でグローバル・スタンダードとしての漢詩・漢文はつくられ続けました。国風文化がそのまま展開し、日本の伝統文化と言われるものになったわけではありません。

3 唐宋変革

北宋から南宋へ

「唐宋変革」という言葉を初めて用いたのは、明治・大正時代に活躍した内藤湖南《ないとうこなん》という研究者です。彼は中国の歴史について、次のようなことを言いました。三国時代から唐までは貴族の時代だったが、宋以降は平民の時代になる。宋代には世の中・社会の仕組みが大きく変化し、経済が発展するとともに都市文化が繁栄した。皇帝の権限が強まって独裁となり、科挙《かきょ》官僚制度による中央集権的な統治体制が確立した、と。

平民の時代と言っても皇帝はいますから、共和国になるわけではありません。ここでの独裁とは唐の時代までの貴族たちとの合議制が廃止され、官僚からの上申書を皇帝がひとりで決裁するようになったことを意味します。もちろんひとりで決裁すると言っても、勝手に決めるわけではありません。そこでは高官たちの合議も行われており、皇帝に上申される意見はすでによく練られていました。だから独裁ではあるけれども、皇帝が自分勝手にやっていたわけではない。つまり、官僚制度が非常にシステマティックになったということです。

しかし、世界帝国として東アジアに君臨していた唐と違って、宋は北側に遼《りょう》（契丹《きったん》）という非常に強いライバルを抱えていました。遼（九一六～一一二五年）は唐の後継王朝として振る舞い、仏教を庇護しました。そして契丹文字と呼ばれる独自の文字を発明しますが、通常は漢字を用いました。

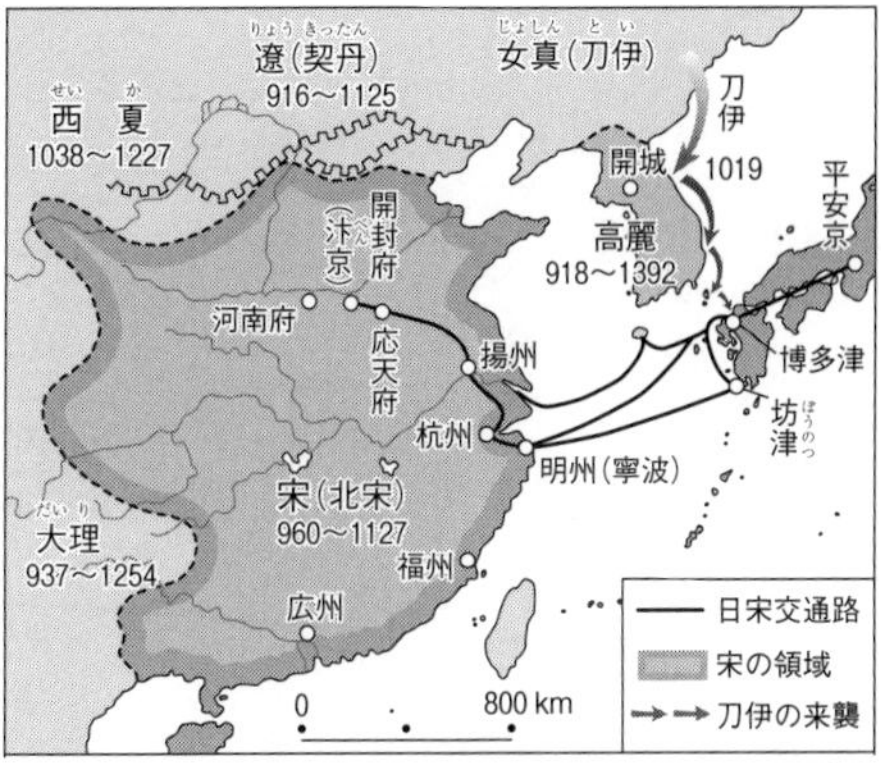

11世紀の東アジアと日宋交通路

五代諸王朝のひとつである後晋は王朝をつくるとき、遼から軍事援助を受けたお礼に燕雲十六《えんうんじゅうろく》州《しゅう》という地域を割譲してしまいます。燕雲十六州には今の北京も含まれます。遼と北宋（九六〇～一一二七年）は軍事的に対立しますが、一〇〇四年に澶淵《せんえん》の盟で講和の取り決めをしてからは仲良しになりました。ここでは朝貢・冊封関係ではなく、互いに対等ということにしよう。皇帝同士は兄弟、おじ・甥《おい》の関係で交際することにしよう。つまり、親戚のように親しく付き合おうとしたわけですね。

ところがその後、宋のほうから遼に喧嘩を売る。北宋の徽宗《きそう》という皇帝は、遼に割譲された燕雲十六州の奪還を企てました。そこで、遼の後ろ側に女真族《じょしん》が新しく興した金《きん》（一一一五～一二三四年）と同盟して遼を挟み撃ちしようとしましたが、北宋の軍隊はだらしなくてうまくいきません。一一二七年、北宋は同盟していた金に攻められ、都の開封《かいほう》は陥落し、徽宗は拉致《らち》されて捕虜《ほりょ》になってしまいます。これを靖康《せいこう》の変《へん》と言います。

遼はすでに一一二五年に金によって滅ぼされており、宋は靖康の変が起きた後、一一二七年に北側を金に取られてしまったので南側に逃げてきました。金はそこにも攻めてきます。宋は杭州《こうしゅう》（浙江省《せっこうしょう》）を臨時首都とし、王朝政府を再建しました。本当は金に占領された北のほうも「自分の領土だ」と思っているのですが、開封は占領されてしまっているため、臨時首都をもうけたのです。杭州はかつて日本と交流を持っていた呉越の都で、寧波のすぐ近くです。

宋は最初のうち、金と戦っていましたが一一四二年に平和条約（紹興《しょうこう》和約）を結び、何とか平和共存関係に持ち込みます。それでも金に取られてしまった北側の領土は戻ってきませんでしたので、かつて持っていた領域の南半分だけでやっていくことになります。ですから、北宋にたいして南宋（一一二七～一二七六年）と言うわけです。

南宋と平氏政権

そしてこの頃から、日本との通商が盛んになります。これはちょうど平清盛（一一一八～一一八一年）が活躍していた時期です。日本では平安時代、藤原氏が権力を握っていましたが徐々に力を失い、源氏・平氏のような武士が力を持ってきた。そして保元《ほうげん》の乱（一一五六年）・平治《へいじ》の乱（一一五九年）を経て、平清盛が一門を取り立てた平氏政権が誕生した。平清盛は南宋と貿易して豊かになり、その財力によって支配力を強めた。なお、平治の乱が起きたのは平治元年一二月九日で、この日付はローマカトリックの暦では一一六〇年一月一九日になります。そのためこの乱を一一六〇年のこととする記述もあるようです。

なぜ清盛（平氏政権）は中国と貿易を始めたのか。それは中国のほうで、いま述べたような大事件が起きていたからです。宋は金に北のほうの領土を取られ、南のほうだけでやっていかざるをえなくなった。加えて、臨時首都の杭州は寧波の近くにあった。寧波と言えば、遣唐使の時代、そして呉越時代から日本との通商ルートを持っています。それゆえに南宋は北宋時代に比べて、はるかに積極的に日本との交易を考えるようになった。さらに言えば、平氏政権の頃、南宋政府を牛耳っていた大臣たちの多くが寧波の出身者でした。つまりここには、地元の権益も大きく絡んでくるわけです。

このように、平氏政権の日宋貿易には中国側の事情が大きく関係しています。南宋は日本に外交関係の再構築を働きかけましたが、もちろんこれは対等外交ではありません。朝貢を働きかけます。そこで寧波の知事は、当時院政を敷いていた後白河《ごしらかわ》法皇と清盛に宛てて手紙をよこします。そこにはこのようなことが書かれていました。「あなたのところはうちの国が宋になってからずっと朝貢に来ていませんが、そろそろ朝貢に来てください」と。日本は結局朝貢はしませんでしたが、これを機に貿易はより盛んに行われるようになりました。

日宋貿易とその影響

平清盛は博多のほかに、大輪田泊《おおわだのとまり》を貿易港として整備します。大輪田泊は福原にある港町で、今で言うと神戸港の西側です。ここは清盛が晩年の一時期、都を移したところでもあります。福原は瀬戸内海に面しており、平氏はここを勢力の基盤としていました。また安芸の宮島の厳島神社は清盛がお金を出して整備したところで、中継地点となっていました。さらに広島県の東端にある鞆《とも》の浦《うら》も、港として整備しました。このように平氏は瀬戸内海にいくつか中継地点を持ち、権力を握っていました。

神戸港のもとをつくったのは清盛と言っていいでしょう。彼は今の神戸のあたりに大きな国際貿易港をつくり、そこから都である京都まで物資を運ぶことができるようにしました。のちに一八六七年、一五代将軍徳川慶喜《よしのぶ》は安政《あんせい》条約に基づき、尊王攘夷《そんのうじょうい》派の大反対を押し切って神戸開港に踏み切りました（しかしその直後、彼は大政奉還をして江戸幕府は滅んでしまうわけですが）。神戸というのはたしかに地の利を得ている場所ではありますが、今日の繁栄の礎を築いたのは平清盛です。

保元の乱・平治の乱によって平氏政権ができたわけですが、一一八〇～八五年の源平の争い（治承寿永《じしょうじゅえい》の乱）によって源頼朝が勝利し、鎌倉を本拠とした幕府をつくります。そして幕府は、鎌倉を海港都市として整備しようとします。鎌倉は神戸より東にありますから、中国からだいぶ遠くなるわけですが、宋の船をそこまで呼び込もうとしました。三代将軍 源 実 朝《みなもとのさねとも》は宋からやってきた陳和卿《ちんなけい》の技術を用いて大型貿易船を造り、自分自身がそれに乗って宋へ行こうとしたが、その船は進水式に失敗した。『吾妻鏡』という史料にはそう書かれています。真偽のほどは定かではありませんが、実朝が日宋貿易に熱意を持っていたことはたしかです。貿易というのは経済力の基盤となりますから、実朝も清盛のように貿易で儲けようとしたのでしょう。しかしその後、鎌倉幕府は宋との交流に消極的となりました。

ところが、後に述べるように、一三世紀後半に中国の政治情勢が変化し、日本もその渦に巻き込まれることになります。

4　五山文化の時代

五山文化とは何か

五山《ござん》文化というのは一三世紀から一六世紀にかけて、五山十刹《じっさつ》などの禅院で育まれた文化です。これは宗教・文学・書画・政治・経済・飲食・医術・建築・天文・地理など多分野に及びます。つまり中国から、ありとあらゆる分野にわたって当時の世界の最先端の潮流が伝わってきたということです。現在、日本史の教科書では室町時代のところに北山文化・東山文化というのが出てきます。北山文化は三代将軍・足利義満《あしかがよしみつ》の頃、東山文化は八代将軍・足利義政《あしかがよしまさ》の頃の文化ですが、これらは五山文化の一部に過ぎません。要するにこれらの文化は、五山文化のある時期の特徴を表現したものに過ぎないのです。

このように、五山文化も日本で独自に生まれた文化ではなく、中国の影響を色濃く受けています。これは中国江南地方、主として浙江省の影響です。浙江省というのは南宋が臨時首都を置いた杭州・寧波のあたりで、日本との間に人の行き来があり、貿易のルートもそこからつながっていました。そのため五山文化は、この地域からの影響を強く受けたわけです。

何度も強調しますが、人やものの往来の拠点となっていたのは寧波です。寧波という名前になるのは一四世紀の終わり頃で、それまでは明州と呼ばれていました。遣唐使時代の末期以来、寧波は日中間の人やものの往来の拠点であり、五山文化もそこから入ってきます。

鎌倉文化

ここで『詳説日本史』の最新版から、鎌倉文化についての記述を紹介しましょう。これは私が使っていた頃の教科書とほとんど同じで、五山文化という言葉は使われず、鎌倉文化あるいは室町文化（北山文化・東山文化）となっています。では読んでみましょう。

> 鎌倉文化
>
> 新しい文化を生み出した背景の一つは、地方出身の武士の素朴で質実な気風が文学や美術の中に影響を与えるようになったことである。もう一つは日宋間を往来した僧侶・商人に加えて、モンゴルの中国侵入で亡命してきた僧侶らによって、南宋や元の文化がもたらされたことである。（一一三ページ）

ここには、次のようなことが書かれています。鎌倉文化には二つの背景がある。まず、前の時代とは文化の担い手が違う。鎌倉時代は武士の時代で素朴かつ質実な気風を持っており、藤原氏を中心とした平安貴族の優雅さ、平氏の華やかさとは大きく異なっていた。もうひとつの背景は中国の影響です。日本で弘仁・貞観文化のような唐風文化が栄えていた頃の中国は、当然ながら唐でした。しかし鎌倉文化が栄えていた頃、日本に影響を与えていたのは南宋・元の文化でした。元と言ってもこれはモンゴル人の文化ではなく、浙江省の文化です。つまり、南宋の中心地域の文化ですね。これを（唐風に対して）宋風といいます。

先ほども言ったように、宋は北宋・南宋に分かれます。北宋の時代は開封というところに都がありましたが、そこが北のほうから攻めてきた金に占領されたため、南のほうに避難する。臨時首都を置いた杭州はいまで言う浙江省のあたりで、ここが南宋の中心となります。浙江省にある寧波は遣唐使時代の終わりから日本列島とゆかりの深いところですから、日本との交流が再び盛んになる。ですから五山文化（鎌倉文化）は、その地域の文化の影響を色濃く受けています。

中国の文化と言うと十把ひとからげになってしまいがちですが、平安時代の唐風文化は長安・洛陽などといった北のほうの都の文化です。遣唐使はそのあたりに行きますし、空海も長安に行き、そこで真言宗を学びました。もちろん遣唐使は南のほうにも行っており、最澄は浙江省で天台宗を学んでいますが、とにかく平安時代の文化は北のほうの都の文化が中心です。一方で鎌倉時代の中国は南宋で都は浙江省にあったため、南のほうの文化が入ってきた。ここが平安時代の文化とは違うところです。

禅宗の文化

このように日本史の教科書には「鎌倉文化には二つの背景がある」と書いてある。これらは一見するとバラバラであるように思えますが、実は互いに関連し合っています。地方出身の武士の素朴で質実な気風は、南宋や元の僧侶《そうりょ》たちの文化と親和性を持っている。

この僧侶たちは禅僧です。平安時代の仏教の中心は天台宗・真言宗でした。もちろんほかの宗派もありますが、この二つが中心となっていた。どちらかといえば、天台宗・真言宗は派手です。最澄や空海が長安あたりから持ってきたこれらの宗派は豪華《ごうか》絢爛《けんらん》で、平安時代の宮廷文化・唐風文化を成り立たせていました。ところが禅宗はもともと質実・素朴なので、鎌倉武士たちのメンタリティーと一致した。ここでは新しい文化が生み出された背景を二つに分けていますが、このような共通性・親和性があったわけです。

一二世紀の後半、平氏政権が主導した日宋交易によって南宋の文化が流入しました。その中心・代表は禅文化です。栄西《えいさい》が臨済宗《りんざいしゅう》を伝え、道元《どうげん》が曹洞宗《そうとうしゅう》を伝えましたが、これらはまとめて禅宗と呼ばれます。中国では臨済宗系・曹洞宗系はそれほど厳密に区別されていませんし、日本でも鎌倉時代・室町時代は同様でした。むしろ江戸時代になってから、両者は明確に分かれてきたようです。

鎌倉新仏教と呼ばれるものは全部で六宗ありますが、これらの開祖のうち海外への留学経験があるのは栄西・道元の二人だけで、あとの四人は日本列島の外に出かけたことがありません。極楽浄土思想は中国で生まれたものですが、浄土宗《じょうどしゅう》の法然《ほうねん》、浄土真宗《じょうどしんしゅう》の親鸞《しんらん》、時宗《じしゅう》の一遍《いっぺん》は留学経験がありません。日蓮《にちれん》は佐渡島に流されましたが、外国ではありません。

実は、浄土系の三つの宗派と日蓮宗は天台宗から分かれたものです。一遍は少し違いますが法然・親鸞・日蓮はもともと天台宗の僧侶で、そこから分かれていった。浄土思想というのはもともと天台宗の中にあったものです。平安時代の貴族たちも極楽往生を願っていた。藤原道長は栄耀栄華《えいようえいが》を誇りましたが、自らの死期を悟ってからは極楽往生を望んだ。彼は九体の阿弥陀如来《あみだにょらい》の手と自分の手を糸でつないで釈迦《しゃか》の涅槃《ねはん》と同じように北枕西向きに横たわり、僧侶たちの読経の中、自身も念仏を口ずさみ、西方浄土を願いながら往生したと言われています。

日蓮は「自分の教えこそが正しい天台宗だ！」と言っている。現在、日蓮宗は天台宗と別になっていますが、やはり「自分たちこそが天台宗の正しい教えを守っている」という立場を取っています。そして禅宗を伝えた栄西や道元も、もともとは天台宗の僧侶でした。天台宗というのは、日本の仏教のふるさとなんですね。比叡山延暦寺の案内板には、これらの人たちがこの寺で学んだと書かれています。

鎌倉時代に新しく出てきた仏教六宗派の中で、禅宗系の臨済宗・曹洞宗は中国直輸入のものでした。しかも禅宗をもたらしたのは栄西・道元だけではありません。栄西や道元の後も、円爾《えんに》や渡来僧の蘭渓道隆《らんけいどうりゅう》・無学祖元《むがくそげん》らが禅宗を日本にもたらした。円爾は日本で禅の勉強をしてから中国に出かけていき、悟りを開いて帰ってきた。蘭渓や無学は中国人で、日本にやってきて禅宗を伝えた。彼らはいずれも臨済宗を伝えましたが、栄西と師弟関係にあったわけではない。彼らはそれぞれ別に、中国の臨済宗系の禅を伝えました。もちろん曹洞宗でも、道元以外にもその教えを伝えた僧侶がいました。

教科書には「栄西が臨済宗、道元が曹洞宗を伝えた」と書かれていますが、禅にかんしては彼らだけが教えを伝えたのではありません。建長寺や円覚寺では中国語による授業が行われていました。中国語とはいってもこれは浙江省の言葉で、杭州や寧波のあたりで使われていた方言です。蘭渓道隆は四川《しせん》省の人ですが、無学祖元は寧波出身です。また栄西や道元、円爾はいずれも浙江省に留学していました。つまり浙江省からやってきた僧侶たちの言葉、あるいはそこで勉強してきた僧侶たちの言葉で授業が行われていたわけです。

またこれと同時に、浙江省から食べ物や飲み物も入ってきた。代表的な飲み物はお茶ですね。われわれが飲んでいる日本茶のルーツは浙江省にあり、これは栄西や円爾によってもたらされました。

蒙古襲来

では、一三世紀後半になって宋風の文化が日本に伝わってきたのはなぜでしょうか。蘭渓道隆の来日は一二四六年、弟子たちとともに日本にやってきました。当時、宋は北から蒙古《もうこ》（のちの元）に攻められており、彼の故郷の四川省は戦場になっています。蘭渓道隆は浙江省の禅寺にいたのですが、蒙古の侵略を嫌って海を渡ってきたともいわれています。無学祖元も元が宋を滅ぼしたころに来日します。彼を招いたのは鎌倉幕府の執権、北条時宗《ほうじょうときむね》でした。そう、蒙古襲来を撃退した英雄として有名な人物です。

ところで、私が高校生だった頃には「元寇《げんこう》」と教わりました。しかし、このことばは江戸時代になって使われ始めたもので、寇とは山賊・海賊のことですから、元を蔑んだ呼び方です。鎌倉時代には蒙古襲来とか蒙古来襲とか呼ばれていました。

歴史用語は同じ事件をなんと呼ぶかで、そう呼ぶ人の思想・立場を表現しています。

近代でいえば「アジア太平洋戦争」か「大東亜戦争」かというのがありますね。私は、元寇ではなく蒙古襲来を使うのであれば、それと同じ論理、すなわち当時の呼称を使うという主義から大東亜戦争でもよいのではないかと思います。

漢字

ここでまたちょっと脇道にそれて、漢字の読み方の話をしましょう。

日本語の漢字の音読みには、大きく分けて呉音《ごおん》・漢音《かんおん》・唐音《とうおん》の三通りがあります。日本で生まれ育ち、学校に通っている人はこういった読みを徐々に覚えていきますが、外国から来て日本語の勉強を始める人にとって、これらを覚えるのは容易なことではありません。ある場合には呉音を使い、ある場合には漢音を使い、ある場合には唐音を使う。一応、これらを使い分けるための法則はありますが、例外がたくさんあるのでひとつひとつ覚えていくしかない。

日本列島に入ってきた読み方として最も古いのは呉音で、これは漢音が入ってくる前から日本語として定着していました。呉、すなわち長江下流域から伝わった音だとされています。呉音は仏教用語、博士家読みに残っています。博士家読みというのは博士の家で代々受け継がれていた読み方で、古い時代の訓読です。今、漢文の訓読は原則的に漢音で読みますが、昔は呉音で読んでいました。今でも使われているのは供養《くよう》などで、これを漢音で読めば「きょうよう」となります。あと、鄭玄というのは漢音で読めば「ていげん」になりますが、この人に限っては呉音で「じょうげん」と読みます。

私たちが日本語で漢字を音読みする時に最も多く用いられているのは漢音です。音読みといえば、普通これがいちばん多い。漢音というのは遣唐使の留学生たちが持ち帰った読み方で、西暦七〜八世紀の唐の都、長安の漢字音の模倣と言われています。留学生たちは長安の人たちが使っている漢字の音を覚えて帰りましたが、それは今まで使われていた呉音とは違っていました。

私たちが現在使っている漢字の音読みのほとんどは呉音・漢音で占められますが、もうひとつ唐音（宋音）というのがあります。これは禅宗の僧侶たちによってもたらされた中国語の音で、特殊なものです。

行灯《あんどん》は最近ほとんど目にしませんが、言葉としてはご存知ですよね。あと椅子《いす》、暖簾《のれん》、饂飩《うどん》、饅頭《まんじゅう》などといった言葉はすべて禅宗の僧侶たちが持ってきた。

中国では唐の時代から椅子が使われるようになり、禅宗の寺院でも使われていました。日本にもそれが入ってきて、禅宗のお寺では僧侶が椅子に腰かけている。つまり、椅子という言葉自体が新しいんですね。細かいことを言うと、「いす」の「す」が唐音です。椅子はそれ以前からありましたが、彼らが持ってきてから一般化した。とはいえ皆さんが椅子に腰かけて授業を受けるようになるのは明治時代以降で、江戸時代には畳の上に正座していたわけですが。

建築

東大寺《とうだいじ》は奈良時代にできたお寺で、七五二年には大仏もできました。これは国家が全精力を傾けて造営した巨大寺院でしたが、一一八〇年、源平の合戦で源氏方が東大寺に立てこもったところを平氏の軍隊が襲い、火をかけて焼いてしまった。源平の合戦が源頼朝の勝利で終わりつつあった時に東大寺の復興事業が始まり、栄西もちょうどその頃、一一九一年に中国から日本に帰ってきました。それまでは重源というやはり中国帰りの僧侶が復興事業の委員長をやっていましたが一二〇六年に死んだため、臨済宗の開祖である栄西が引き継ぎました。

しかし東大寺というのは、禅宗のお寺ではありません。いまは一口に仏教と言っても、いろいろな宗派に分かれていますが、この頃まではそういう区別がはっきりしていませんでした。もちろん当時から、宗派によって色合いは違っていました。たとえば天台宗と真言宗には違いがあったし、人々もそれを認識していました。ただ、栄西は禅宗を日本に持ってきた人として知られていますが、一方で東大寺という奈良時代から続く由緒あるお寺の復興事業を任されている。

東大寺の復興事業は重源、その後を継いだ栄西によってほぼ完成しますが、その後、一六世紀の戦国時代に松永弾正久秀《まつながだんじょうひさひで》がまた焼いてしまいました。現在の東大寺は一七世紀、江戸時代になってから復興されたものです。大仏や大仏殿のみならず、その他のほとんどの建物もそうです。

鎌倉時代の初め、重源や栄西が復興事業を担った時の建物で唯一残っているのは、大仏殿に行く時に通る南大門《なんだいもん》です。当時、他の建物にもこれと同じような建築様式が用いられたと考えられており、これを大仏様《だいぶつよう》・大仏風《だいぶつふう》と言います。焼けた大仏を鋳造し、大仏殿を再建する際に尽力したのが、先にも触れた陳和卿という人です。普通に読めば「ちんわけい」になりますが、日本語で音読みする時には、「ん」と「わ」をつなげて「な」とし、一般に「ちんなけい」と言います。当時の文献には「東大寺を再建する際、陳和卿という中国人の技術を用いた」と書かれています。

この人自身がエンジニアだったのか、あるいは技術者集団を束ねるボスだったのかはわかりません。私は後者ではないかと思いますが、とにかく彼らの力を借り、中国の最新式の技術で東大寺を再建した。そして今は、南大門だけが残っています。

東大寺の南大門と言えば、金剛力士像が有名ですね。これは運慶《うんけい》・快慶《かいけい》がつくった鎌倉時代の彫刻の代表作です。そして南大門の北側、大仏殿側に一対の石獅子がありますが、これも一二世紀につくられたものです。南大門は一六世紀の火災を免れているため、石獅子も現在に至るまで残っています。石の成分を調査し、中国の石獅子と比較した結果、これは寧波製であることが証明されています。

寧波というのは、この講義で何度も名前が出てきていますね。寧波産の石をほぼ獅子のかたちに加工した状態で船に積み、最後の細かい成形だけ奈良でやったのだろうと考えられています。東大寺は一六世紀に再び焼けたため、陳和卿たちが再建した当時の姿はわからない。しかし石獅子のことから考えても、当時は寧波から運ばれたものがもっとたくさんあったのではないか。

寧波と日本のつながりに関心・興味を持つ私としては、一六世紀に東大寺を焼いた松永久秀はやはり許せないと思いますが、他方で、平氏が焼き討ちしてくれたおかげで再建事業があったわけですから、平重衡《たいらのしげひら》には感謝すべきなのかもしれません。でも、こんなことを言うと不謹慎ですね。もちろん、奈良時代に創建された当初の姿で残っているのが一番いいのですから。

文学

五山文化の時代になると、文学作品の好みも変化します。

一〇世紀から一二世紀のなかばぐらいまで、国風文化が栄えました。代表的な随筆である『枕草子《まくらのそうし》』に、次のような段があります。「ふみは文集《ぶんしゅう》・文選《もんぜん》・新賦《しんぷ》・史記《しき》五帝本《ごていほん》紀《ぎ》・願文《がんもん》・表《ひょう》・博士の申文《もうしぶみ》」。「ふみ」というのは文章のことですが、ここで挙げられているのはすべて漢文です。清少納言《せいしょうなごん》はここで「紀貫之の『土佐日記』って素晴らしいわよね」とは書いていない。つまり「ふみ」と考えられていたのは漢文だけで、平仮名で書かれたものは文学作品と見なされていませんでした。ですから清少納言や紫式部《むらさきしきぶ》は自分たちで、現在に至る和文・古文をつくったわけです。

国風文化と言っても、当の本人は漢文で書かれたものばかり列挙しているのです。史記五帝本紀は『史記』の一部分であることはわかりますが、最初に挙げられている文集・文選とは何か。『文選』は六朝文学《りくちょうぶんがく》のエッセンス・精華です。

中国では三世紀から六世紀まで、いまの南京に都を置いていた王朝が六つ（呉・東晋・宋・斉・梁・陳）あったので六朝と呼ばれる時代がありました。日本で言うと卑弥呼の時代を経て、聖徳太子が出てくる直前までですね。「りくちょう」というのは変な読み方と思うかもしれませんが「りく」のほうが由緒正しい漢音で、「ろく」は呉音です。昔は「ろくちょう」と言っていたと思うんですが、いつの時代からか漢文は漢音で読むことになったため、六を「りく」と読みます。『文選』は六朝時代のいろいろな文学作品を集めたもので中国でも評価が高く、これが挙げられているのは不思議ではありません。

問題なのは「文集」のほうです。日本語で文集と言えば、卒業文集が思い浮かぶ。これは卒業という節目に、みんなが書いた文章を集めたものですね。今、文集というのは普通名詞として使われていますが、清少納言はここである特定の書物を指しています。『枕草子』の注釈書には必ずそう書いてあります。平安時代の文学作品で何のことわりもなく単に「文集」と書かれていたら、それは白居易《はくきょい》の文集のことなのです。これは複数形の文集(anthologies)という意味でもなければ不特定の文集(an anthology)という意味でもなく、特定された文集(the anthology)です。

白居易の文集にはいろんな言い方がありますが、『白氏文集』というのが一般的です。白居易は中唐(唐の後半の時代)に生きた人で、字《あざな》は楽天と言います。

『三体詩』と『唐詩選』

国風文化の時代、日本人に人気があった中国の文学作品は『文選』と白楽天の文集で、その証拠は『枕草子』にある。ところが鎌倉時代になると、禅宗の僧侶たちが持ち込んだ中国の流行により宋代の蘇軾《そしょく》・黄庭堅《こうていけん》・陸游《りくゆう》らが人気となりました。『文選』や白楽天の文集とこれらの作品を比べてみると、文体が明らかに違います。

この頃、中国で編纂された『三体詩《さんたいし》』という詩集があります。これは五言律詩《ごごんりつし》・七言《しちごん》絶句《ぜっく》・七言律詩《しちごんりつし》という三種類の近体詩を集めたものです。古い時代の詩と区別して近体詩と言うわけですが、これには律詩・絶句・排律《はいりつ》の三種類があります（律詩・絶句と比べて排律はマイナーです）。隋・唐の時代になると古い時代の漢詩にはなかったスタイルが誕生し、こうした近体詩だけを集めた詩集が編纂されました。

そして禅宗の僧侶たちによって、『三体詩』が日本に持ち込まれます。僧侶たちは中国で勉強する時、これらの本をテキストとして使い、そのまま日本に持ち帰ってきました。そのため、この本は日本でも広まります。また、『三体詩』には杜牧《とぼく》という詩人の作品も収められています。玄宗皇帝の頃、つまり唐の最盛期（盛唐）に生きた杜甫《とほ》が老《ろう》杜《と》と呼ばれるのに対して、晩唐期に生きた杜牧は少杜《しょうと》と呼ばれます。『三体詩』には中唐・晩唐につくられた詩が数多く収められています。

鎌倉時代に入ると「『文選』大好き！　白楽天は素晴らしい」という価値観が変化し、『三体詩』に代表されるような近体詩をもてはやすようになりました。白居易と杜牧は同じく唐の詩人ですが、詩のスタイルが違うのです。

『三体詩』という本のタイトルを初めて聞いた方も多いかと思います。これは文学史の教科書でちらっと出てきますが、今のところあまりメジャーではありません。現在、日本で好まれている詩は『唐詩選』に収められているものです。江戸時代半ば、荻生徂徠《おぎゅうそらい》が『唐詩選』を高く評価したことから大ブームが起こり、日本人の漢詩にたいする趣味が再び変わりました。

『唐詩選』では初唐・盛唐、つまり唐王朝の前半期の詩がほとんどを占めています。中唐の詩は数えるほどしか採られておらず、初唐・盛唐の詩限定と言ってもいい。ですから唐の時代の詩集と言っても、『三体詩』とはかなり異なった方針で編纂されています。『唐詩選』は中国で編纂されたものですが、現在、中国ではほとんど読まれていないと思います。

『唐詩選』で活躍する詩人は杜甫（詩聖）、李白《りはく》（詩仙）、王維《おうい》（詩仏）です。詩聖の

「聖」は聖人ですから儒教、詩仙の「仙」は仙人ですから道教、詩仏の「仏」はもちろん仏教で、杜甫が儒教、李白が道教、王維が仏教と言われたりもします。『唐詩選』には、日本の高校漢文の定番の詩人たちの作品が収められています。いいかえれば、いまの漢文教材は江戸時代なかば以降の嗜好によって選ばれているわけです。白居易を好んだ菅原道真が見たら、さぞやびっくりすることでしょう。

五山文化の影響——漢字文化圏の分岐

五山文化というのは地味だし、教科書にもそういう言葉は出てこないのですが、実は今なお、日本人が持つ中国のイメージに非常に大きな影響を与えています。禅宗の僧侶たちは文学などいろいろなものを持ち帰り、人々にそれまでとは異なる中国のイメージをもたらしました。唐宋変革により、宋代以降の中国文化はそれまでとはかなり異質のものに変化したのです。宋風は唐風とは異質なのです。宋風文化を広めたのが禅宗寺院であり、その点からは五山文化と呼べるわけです。

中国から日本に帰った禅宗の僧侶たちは新たな文化をもたらしたわけですが、実は禅宗自体がそれを象徴するものでした。重源や栄西、道元は中国で学んで日本へ帰ってきましたが、中国で生まれて日本に渡り、禅宗を教えた僧侶たちもいます。後者のことを「渡来僧《とらいそう》」と言います。蘭渓道隆や無学祖元はその代表格です。

一三世紀の後半から一四世紀前半、鎌倉時代から室町時代にかけての約一〇〇年間は渡来僧が特に多かったので、村井章介さんはご自身の本（『東アジア往還――漢詩と外交』など）でこの現象を「渡来僧の世紀」と呼んでいます。私たちは、さらに一歩を進めて、この時期を「ひらかれた海」と呼んでいます（羽田正編『海から見た歴史』）。

この約一〇〇年間に、中国から禅僧が数多くやってきて五山文化が生まれました。私は、この頃から漢字文化圏（中国・朝鮮・日本）の中での違いが顕著になってきたのではないかと考えています。これらは内部分岐し、特に中国・朝鮮と日本の違いが目立ってきます。朝鮮や日本はかつて、中国の真似をして国づくりをした。中国には律令という法典があるらしいから、われわれも律令をつくろう。中国では年を数えるとき、元号・年号を使うらしいからわれわれもそれをつくろう。朝鮮でも新羅時代などに独自の年号をつくっていましたが、ある時点からやめてしまいました。

とにかく朝鮮と日本は長きにわたって、中国で生まれたものを積極的に採り入れていたわけですが、儒教・仏教の関係で言うと五山文化の時代から違いが出てきます。中国でモンゴル人を中心とする元が南宋を滅ぼしますが、彼らは南宋で流行っていた朱子学を採り入れ、国を治めようとした。朝鮮ではその頃、高麗という王朝が治めていましたが元と戦争をして負け、朝貢国になりました。元では朱子学が中心ですから、そこから朱子学が入ってきます。高麗では朱子学が非常に大きな力を持つようになり、朝鮮は完全に儒教の王朝として成立します。つまり中国でも朝鮮でも、儒教の新しい流派である朱子学が仏教を押しのけたのです。

ところが日本では相変わらず、仏教が国教として大きな力を持っていました。律令時代には儒教と仏教が横並びでしたが、儒教の勢力は徐々に衰えます。仏教では教団同士のつながりがあり、常に中国から最新のものを採り入れていました。たとえば禅宗もそうですよね。日本では天台宗・真言宗中心だったところに禅宗が加わりました。

中国・朝鮮が朱子学中心になった一方で、日本では相変わらず仏教が中心でした。これに大きくかかわってくるのが渡来僧や留学して帰ってきた僧侶たちです。彼らは日本に中国の最新の文化をもたらし、これによって日本人の中国にたいするイメージや好みは大きく変化しました。この点は中・朝・日共通ですが、一方で彼らは仏教の僧侶でもありました。五山文化により、儒教中心の中国・朝鮮とその後も仏教が中心であり続けた日本との間に分かれ目が生じた。私はそう考えています。

ナショナリズムが五山文化を隠した

それではなぜ、今まで五山文化の重要性についてあまり言及されなかったのか。これは私の仮説ですが、おそらく明治以降の近代ナショナリズム言説（国史）が大きく影響しているのではないかと思います。

ヨーロッパではドイツもイタリアも長らく領邦国家（日本でいえば戦国時代の群雄割拠状態）で、一九世紀後半になってようやく統一国家になります。彼らはもともとばらばらの領邦でしたが「俺たちは昔からずっと一緒だった」ということにするために、架空の歴史認識を作ります。それが「ドイツ史」や「イタリア史」と称する物語でした。イギリスやフランスの場合は、ドイツやイタリアと違って昔から体裁上は一つの国家でしたが、王権が強力になって統一国家になるのは一八世紀です。こうしてヨーロッパ各国にはそれぞれの国史が生まれました。

ヨーロッパの国々はそれぞれに独自の歴史を持つと称し、教育現場でそれを子どもたちに刷り込んでいく。これがナショナリズムと呼ばれるものです。うちの国は昔こうやってできて、今でもずっと続いている。あの地域は戦争で負けて隣の国に取られているけれども、本当はうちの国のものだ。教師はそのようにして、子どもたちに歴史を教えるわけです。

日本でもかつては国語の教科書に採録されていた、アルフォンス・ドーデの『最後の授業』という短編があります。私の世代の者はみな記憶しているはずです。一八七〇～七一年の普仏戦争でドイツが勝ち、フランスは領土の一部であるアルザス＝ロレーヌを割譲した。そうするとフランス領だったところがドイツ領になり、学校で教える言葉もフランス語からドイツ語に変わります。それまでフランス語で授業をしてきた先生は別れ際に生徒たちに次のように言います。

「私が授業をするのはこれで終わりです。アルザスとロレーヌの学校では、ドイツ語しか教えてはいけないという命令がベルリンから来ました。今日は、フランス語の最後の授業です。フランス語は世界一美しいことばです。みなさんそのことを忘れないでください」。そして授業を終えると感極まり、黒板に「フランスばんざい！」と書く（もちろんフランス語で）。

先生は学校を去り、生徒たちはその土地に残ってドイツ人になり、学校でドイツ語を覚える。でも心のなかではいつまでもフランスへの愛国心を持ち続ける。そんなお話です。日本でも愛国主義教育の教材として、昭和の時代には使われていたわけです。

しかし、この考え方自体が一九世紀のナショナリズムによる「お話」です。実はアルザス＝ロレーヌ地方はもともとフランス語（パリ方言）とは別の言語が使われており、学校でフランス語による教育をすること自体、一八世紀末のフランス革命の後、ナショナリズムの考え方に沿った強制でした。つまり、この地方で「美しいフランス語」（＝パリの言語）が教えられていたのは、たかだか八〇年程度だったというのが実情です。こうした舞台裏の実像が暴かれたために、日本でも国語の教科書からこの小説は消えたのです（府川源一郎『消えた「最後の授業」』大修館書店、一九九二年）。

つまり、こういうことです。ドイツ人の立場からは、逆の「最後の授業」が描けます。アルザス＝ロレーヌはもともとドイツの土地だった。それなのに、不当にもフランスに占領され、ずっとフランス語が学校で教えられていた。しかし、これを今（一八七一年）、偉大なビスマルクが取り返した。そして「世界で最も美しいことば」であるドイツ語（ベルリン方言）による授業が復活した。めでたし、めでたし……。パリもベルリンも、アルザス＝ロレーヌ地方の人たちから見れば外国だったのですけどね。最近話題になっているスコットランドやカタルーニャの独立問題も根は同じです。ヨーロッパが生み出したナショナリズムという虚構が、限界に来ていることを如実に示しています。

明治につくられた「国史」

わが国についていえば、日本は日本として初めから一貫しており、隣の中国や朝鮮とは異なる独自の歩みをしてきた。明治時代の学者たちはそういうストーリーをつくりました。彼らはこれにより、西洋列強諸国に負けない強い国をつくろうとしていた。これはこれで意味のあることだと思いますが、そのストーリーは歴史の現実とは明らかに違いますし、二一世紀の今日、もはやその役割を終えていると私は思います。

明治時代の日本人は一生懸命努力して「国史」をつくり、今の日本史の教科書にもその残骸が残っている。そこでは「国史」に都合の悪い事実はあまり取り上げず、都合のいい事実を誇張して取り上げました。都合のいい部分とはすなわち国風文化です。遣唐使の時代まではやむをえず、隣の中国からいろんなことを学んで国づくりをした。しかしわが国はもう一人前になり、遣唐使も廃止した。あとはわが国の中だけでできるし、実際にそうしてきた。平仮名や片仮名もつくったし、そこから『源氏物語』という素晴らしい作品も生まれた。ここで日本独自の文化ができあがり、それ以降もずっと続いている。

しかしここで宋風の文化が入ってくる。その影響が大きいとすると、話が元に戻ってしまいます。「あれ? また中国の真似をした時代があったのか」と。「第二次中国模倣時代」があったことになってしまいます。

卑弥呼の時代から遣唐使の時代までを第一次中国模倣時代とすると、その後、たしかに国風文化と言われるものが盛んになった時期がありました。ところが、宋風の五山文化で再び中国模倣時代となる。その影響が今につながり、日本の伝統文化と言われるものになっている。しかし国風文化という日本独自の文化ができたにもかかわらず、その後また中国のものを真似した時期があったというのでは国史として都合が悪い。そこで「五山文化の重要性や応仁《おうにん》の乱による時代の転機についてはあまり触れないようにしよう」と考えたのでしょう。

五山文化により日本の伝統文化は形成された

明治時代に国史の骨組みができたわけですが、大正時代というのは十数年と短いながらも非常に興味深い時代です。以上で述べてきた点において、この時期に出版された重要な本として、津田左右吉《つだそうきち》の『文学に現はれたる我が国民思想の研究』（一九一六〜二一年）、倉田百三《くらたひやくぞう》の『出家とその弟子』（一九一七年）、和辻哲郎《わつじてつろう》の『古寺巡礼《こじじゅんれい》』（一九一九年）などがあります。

これらは高校生の諸君には少し難しいかもしれませんが、『出家とその弟子』は自分という存在に悩んでいる人が読むと、救われるところがあるかもしれません。それとは逆に、余計に迷ってしまう可能性もありますが。和辻哲郎の『古寺巡礼』は今も続くお寺ブームの元祖的存在で、お寺巡りが好きな人は読むといいと思います。この本が出るまでは誰も「古いお寺に詣でるとありがたい」なんて思っておらず、新しくきらびやかで御利益がありそうなお寺に行くほうがいいと考えられていた。癒しを求めて人気のない古ぼけたお寺に行くという妙なブームは、和辻が火付け役ではないかと思われます。

ここに挙げた本の中で五山文化は虐げられ、小さい扱いをされている。結局のところ、五山の僧侶たちは中国の詩人を真似しようとしていた。彼らは一生懸命漢詩・漢文を書いているけれどもそれは中国人の真似に過ぎず、文学性のかけらもない。やはり『源氏物語』のほうが優れているし、詩としても『古今和歌集《こきんわかしゅう》』のほうが格上だ。ここに挙げたお偉方はそういうことを露骨には言っていませんが――津田左右吉はかなり露骨に言っていますけど――、日本人に刷り込む役割を果たしました。これらの本が出されたのは一九一〇年代ですから、今から一〇〇年前ですね。

明治時代に入ってから国史がつくられ、第二次中国模倣時代は低く見られるようになりましたが、人々はその一方で漢詩や漢文を大事にしていました。今でも新聞に和歌・

俳句の投稿欄がありますが、大正の初め頃まではそれと並んで漢詩の投稿欄もあったそうです。つまり一般社会にそれだけ漢詩を書く人がいたということですが、この投稿欄は徐々になくなっていきました。

私たちは共同研究をして、五山文化の時期こそが現在につながる伝統文化の形成期であったという結論を導き出しました。この研究の中心となった島尾新さんは雪舟の研究者ですが、私たちは彼を編者として『東アジア海域に漕ぎだす4——東アジアのなかの五山文化』という本をつくりました（小島毅監修、東京大学出版会、二〇一四年）。この本などがきっかけになって、宋風の五山文化に対する認識が深まることを期待しています。

第3章　朝貢から進攻へ――室町・織豊時代

1　朝貢冊封体制の理念

朝貢とは何か

本章は一五世紀から一六世紀まで、時代呼称で室町《むろまち》時代と安土桃山《あづちももやま》時代（織田信長《おだのぶなが》と豊臣秀吉《とよとみひでよし》の時代なので織豊《しょくほう》時代ともいう）についてです。室町時代といっても、そのはじめの六〇年間（一三三六～一三九二年）は南北朝時代で、日本国内に二人の天皇、二つの朝廷が並び立っていました。一三九二年に足利義満が南北朝統一に成功し、京都の室町通りに幕府の本部を置いて本格的な室町時代が始まります。

室町時代の後半、応仁の乱（一四六七～一四七七年）以降を戦国時代ともいいますよね。戦国大名たちの抗争のなかから織田信長が台頭し、将軍足利義昭《あしかがよしあき》を一五七三年に京都から追放して安土桃山時代が始まります。そして、信長が本能寺《ほんのうじ》の変《へん》（一五八二年）

で戦死したあと豊臣秀吉が天下統一を果たし、彼の死後に今度は徳川家康《とくがわいえやす》が関ヶ原《せきがはら》の戦い（一六〇〇年）で勝って征夷大将軍《せいいたいしょうぐん》に就任する（一六〇三年）までが安土桃山時代とされています。

この時代の日中関係を標語風にいうと、本章の題名、「朝貢《ちょうこう》から進攻へ」となります。足利義満は明に朝貢し、豊臣秀吉は朝鮮王朝に出兵して明と戦争しました。

まず、朝貢ということばについてきちんと説明しておきましょう。第1章でも使った用語ですが、そこでは「貢ぎ物を贈って臣従を誓い、王に冊封《さっぽう》してもらう」という程度で済ませていましたので。

儒教の考え方では、「皇帝」は全世界の統治者です。天から命じられて、すなわち天命によってその資格を得ているので「天子」ともいいます。本来、儒教の経典に使われていることばは「王」「天王」なのですが、秦の始皇帝が皇帝と称して以降、漢など歴代王朝で君主号が皇帝になったために、儒教でもこの用語を使うようになりました。

儒教経典のひとつ『詩経』の北山篇に「溥天《ふてん》の下《もと》、王土にあらざるなく、率土《そつど》の浜《ひん》、王臣にあらざるなし（溥天之下、莫非王土、率土之浜、莫非王臣）」とあります。「天下はすべて王（つまり皇帝）の領土、あらゆる土地に住んでいる者はみな王の臣下」という意味です。なお、成語としては「溥天」を「普天」と書くのが普通です。

ということは、全世界の人類はみな、皇帝を君主として仰ぐというタテマエになります。中国の領域の外にはさまざまな国があって、それぞれに君主がいるわけですが、彼らのなかに皇帝と同格の君主はひとりとして存在しないはずです。では、そうした外国との外交関係をどうするか。そこには対等な関係は理念的にはありえません。外国の君主が中国の皇帝と友好関係を結ぶためには、皇帝を自分の君主として仰ぎ、定期的に貢ぎ物を差し出して服従を誓う形式が必須になります。それが朝貢です。

お断りしておけば、これはあくまでも儒教教義による理念にすぎず、実際には中国に服従しない国家がたくさんありました。早い時期、漢代には中国側の漢字表記で「匈《きょう》奴《ど》」と呼ばれる遊牧民の国家が、漢としばしば戦っています。ただ、やがて国力が衰えると漢に朝貢するようになります。その後も、おもに北方の遊牧・狩猟民族たちの国家が中国の皇帝に服従せず、歴代王朝の皇帝たちは手を焼きました。

また、同時に皇帝を自称する君主が何人もいるという場合がありました。有名なのは三国時代ですね。魏・呉・蜀（正確には漢）にそれぞれ皇帝がいて、「朕《ちん》こそがほんものの皇帝じゃ」と張り合っていた時代です。卑弥呼はこのうち、魏の皇帝をほんものだと考えて朝貢したわけです。だからこそ、魏の側でも「愛《う》いやつ」ということで、「親魏倭王」にしてくれたのでしょう。

その後も（中国の）南北朝時代というのがありました。倭の五王は南朝の皇帝たちに朝貢していました。

五代十国のときには、中国各地に五、六人の皇帝が同時発生したこともあります。宋はこれをいちおう統一したことになっていますが、北方には遼、西北には西夏という、異民族ながら皇帝を称する君主を戴く国家がありました。宋の皇帝たちは、自分だけがほんものの皇帝だと主張してはいましたが、実際には現実を受け入れて遼の皇帝と擬制的な親族関係（兄弟とか、おじ甥）だということにして、友好関係を築いていました。

ですから、実際の歴史としては、全世界が中国皇帝に服従したことはないわけです。

それに最も近かったのはモンゴル帝国時代で、フビライ（中国風には元の世祖）はユーラシア大陸のほとんどを統治する君主でした。彼は当然のこととして、日本にも朝貢を求めてきたわけですが、この小さな島国は、こうした世界情勢をきちんと知らなかったからでしょう、それを拒絶して大艦隊に攻撃されたわけです。

冊封とは何か

朝貢の見返りが冊封です。皇帝からその地域の君主として認められることで、多くの場合、「王」という称号が贈られます。この場合の「王」は儒教経典にみえる天子としての王ではなく、経典では王の臣下の諸侯に相当する位です。

日本の君主は、倭と呼ばれた時代からずっと、「王」としての扱いを受けていました。「漢委奴国王」、「親魏倭王」、倭の五王、みなそうです。遣隋使も「倭王」の使いだとされています。遣唐使では、八世紀に日本側の申し出を認めて「倭」を「日本」に改称しますが、その扱いは新羅などと同格で、明らかに「王からの使節団」としての処遇でした。

南宋が朝貢を促すためによこした使節も、「日本国王」（後白河法皇のこと）宛の書簡を持参していました。フビライからの手紙、いわゆる蒙古国書（正式には蒙古国牒状）

も、「大蒙古国皇帝」が「日本国王」に宛てたものです。しかし、日本は南宋にも蒙古（元）にも朝貢しませんでした。したがって、正式な冊封も受けていません。

ところが、一五世紀になると明の皇帝に朝貢して「日本国王」に冊封された人物が現れます。それが足利義満です。

2　明の登場と朝貢外交の復活

明の中国統一と高麗の滅亡

一四世紀半ばに元が衰退すると、中国の南のほうは元王朝の言うことを聞かず、いわば群雄割拠状態になります。その中のひとりである朱元璋《しゆげんしよう》が台頭し、一三六八年に金陵《きんりよう》（南京）で明の皇帝に即位します。元はそれを受けて北へ戻りますが、滅んではいません。モンゴル人は「ああ、もうやめた。自分たちのところに戻ろう」ということで北へ帰りましたが、依然として力を持っていました。

漢民族は朱元璋を皇帝に戴く明という国をつくりますが、その後も元と明の対立関係は残っていました。そのあおりを食ったのは隣の朝鮮です。高麗は元に服属していましたが、中国本土を明が支配することになりました。元が滅んでしまったのであれば明と仲良くするということで意見が一致したことでしょうが、元は北のほうで依然として力を持っていたため、宮廷内で「今までどおりモンゴルの人たちと仲良くしよう」という人たち（親元派）と「これからは明と仲良くすべきだ」という人たち（親明派）が争うことになった。これが高麗滅亡の原因となります。

この頃、中国でも朝鮮でも王朝が交代し、日本でも鎌倉幕府滅亡やら南北朝時代やらで政権交代が相次いで起こります。一三六八年に成立した明は華夷《かい》思想を掲げます。華夷思想とは尊王攘夷を強調し、中華と夷狄《いてき》を区別するというものです。朱元璋は漢民族ですから「漢民族が再び中国を統治する」と主張し、モンゴル人は野蛮人であるとしてこれを排除しようとしました。

隣の高麗では親明派の李成桂《りせいけい》が権力を掌握し、一三九二年に自ら「権知高麗国事《けんちこうらいこくじ》」と称して明に朝貢します。彼はここでいきなり王になってはいないのですが、「権知高麗国事」とはどういう意味か。「高麗国」を挟んで「知」と「事」がありますが、これをつなげると「知事」になります。

いま私たちが使っている知事という言葉は、ここから来ています。知事も中国語なんですが、このことを知っている日本の知事はどのぐらいいますかね。たとえば「東京都知事」を中国風に言えば「知東京都事」です。東京都のことを知する。ここでの「知」

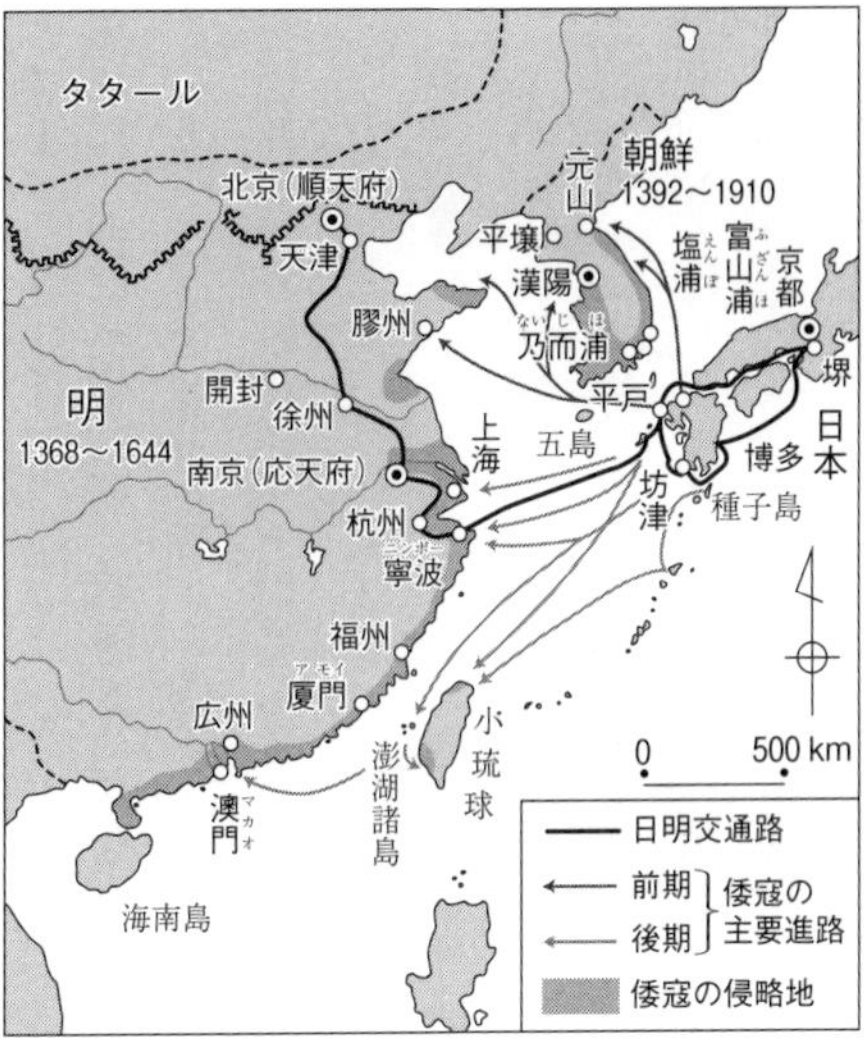

14〜15 世紀の東アジア

は know や understand という意味ではなく、統治という意味です。「権」は漢文なので「けん」と漢音読みしましたが、呉音で読みますと「ごん」になります。権大納言《ごんだいなごん》、権《ごん》中納言《ちゅうなごん》の「権」ですね。これは仮ということで、正式ではないという意味です。

　李成桂はここで「正式ではないものの、私は高麗国の知事です」と名乗っている。そもそも中国の皇帝が高麗国の王を冊封するのだから、私は勝手に名乗っているという意味では「権知高麗国事」だ。彼は実質的には高麗国の王なんですが、そのように名乗って明に朝貢します。そして明の皇帝の朱元璋から朝鮮という国号を与えられて「朝鮮国王」となり、朱子学を国教とする政治秩序を構築します。

義満朝貢

こういった国際環境の変化を受けて、わが日本国の足利義満も明に朝貢します。足利義満はなぜこの時突然、明に使いを送ったのか。遣唐使の廃絶以来、日本は中国と朝貢関係を結んでいませんでした。平清盛は宋から「貢ぎ物を持ってこい」と言われても断り、政経分離の関係を保ったのに、義満はなぜわざわざへりくだって明の皇帝に朝貢したのか。ある学者は「義満は日本国内で天皇になるために明に朝貢した」と説明していますが、そうではなく、おそらく国際環境が変化したためにそうせざるをえなかったのだろうと私は思います。

じつは、義満よりも前に明に朝貢して日本国王に冊封された人物がいます。懐良親王《かねよししんのう》という、後醍醐《ごだいご》天皇の皇子です。後醍醐天皇は北朝方（足利尊氏《たかうじ》側）に対抗するための拠点を築くべく、たくさんいた自分の息子たちを全国各地に派遣します。このうち九州に派遣されたのが懐良親王でした。

彼は九州で南朝にくみする武士団の支援を得て一時は博多を支配下におきます。そのころ、ちょうど明から朝貢をうながす使節が博多にやってきます。懐良親王は最初これを拒んだようですが、明から「日本国王」に冊封されることになります（一三七二年）。ただ、皮肉なことに、その時点で彼は北朝方に敗れてすでに博多から撤収していたため、明と実際に通交したのは北朝方の今川氏や島津氏といった大名でした。懐良親王の名は、明の史書では字が逆になって「良懐」となっています。義満は懐良親王に代わって、あらたに日本国王に冊封されたのです。

遣唐使のときには、中国側では朝貢使節団として扱われましたが、日本側では「両国は対等な関係にある」と主張していました。義満は「自分は明の皇帝に朝貢する」という明確な意識を持って使節を派遣し、明の皇帝から「日本国王　源道義」という称号を与えられます。

彼はその時すでに出家し、道義という名前になっていました。僧侶の名前は音読みしますから「みちよし」ではなく「どうぎ」です。足利義満というのは俗称で、足利氏は源氏ですから、彼の正式な名前はじつは「源義満」です。本来、僧侶に姓はないはずですが、彼は中国皇帝宛の手紙で「源道義」と名乗っている。ふりがなは振っていないので、彼らがなんと読んでいたのかわかりませんが、僧侶の名前は音読みがふつうですので、姓もそれにあわせれば「げんどうぎ」でしょうか。明の皇帝（最初に朝貢したのは建文帝《けんぶんてい》、二回目以降は永楽帝《えいらくてい》）はこの名前で彼を日本国王に冊封したのです。

義満のあと中断する時期もありましたが、室町時代の歴代将軍たちは義満の孫・義政の代まで日本国王として明に朝貢します。そのへんについては私の本を読んでいただけますと幸いです（『足利義満――消された日本国王』光文社新書、二〇〇八年）。

3　室町時代の五山文化

室町時代初期の文化は北山文化、中期の文化は東山文化と呼ばれます。前者を代表する将軍は足利義満、後者を代表する将軍は足利義政です。北山文化は貴族的かつ絢爛豪《けんらんごう》華《か》、東山文化は枯淡《こたん》（わびさび）の美意識を持つのが特徴です。では最新版の『詳説日本史』を読んでみましょう。

室町文化
　室町時代にはまず南北朝の動乱期を背景とした南北朝文化が生まれ、次いで足利義満の時代に北山文化が、足利義政の時代に東山文化が形成された。この時代の文化の特徴は幕府が京都に置かれたことや、東アジアとの活発な交流に伴って武家文化と公家文化、大陸文化と伝統文化の融合が進み……（略）。

　私が学生だった頃の教科書では東アジアとの交流、大陸文化との関係についてここまで強調していませんでした。しばしば、次のようなことが言われます。東山文化こそが日本独自の文化だ。わびさびは日本独自のもので、中国人や朝鮮人にはわからないだろう。

　たしかに中国・朝鮮の文化には日本のわびさびと同じようなものはありませんが、そもそもこれは奈良時代・平安時代の遣唐使が持ち帰った文化ではなく、鎌倉時代以降、禅僧が持ち帰った五山文化に由来するものです。北山文化と東山文化の違いは、金閣と銀閣に象徴されます。前者は絢爛豪華で金ピカ、後者はひっそりと地味で対照的なものに見えますが、実はそうでもない。両者は本質的に相反するものではなく、五山文化という大きな括りにおいて同質です。

北山文化と東山文化を分けて記述するようになったのは、明治時代になってからのことで、今から一〇〇年ほど前です。あと一〇〜二〇年も経てば教科書が変わり、両者をふたたびひとくくりにして五山文化という言葉が堂々と大きく書かれるようになるのではないか。私としては、そうなることを祈っています。第2章で述べたように、五山文化こそが日本の伝統文化の基礎だからです。

義満以降、遣明使が派遣されるわけですが、日本史の教科書にはまだ遣明使という言葉は出てきません。今の日本史の教科書では日明《にちみん》貿易となっていますが、かつては勘合《かんごう》貿易という言葉が主に使われていました。これにかんしても『詳説日本史』の記述を読んでみましょう。

明を中心とする国際秩序の中で行われた日明貿易は、国王が明の皇帝に朝貢し、その返礼として品物を受け取るという形式を取らなければならなかった（朝貢貿易）。また、遣明船は明から交付された勘合と呼ばれる証明書を持参することを義務付けられた。これにより日明貿易を勘合貿易とも言う。

日明貿易は勘合と呼ばれる証明書を使っていたので勘合貿易とも呼ばれています。これは性格としては朝貢貿易です。つまり遣隋使・遣唐使と同じく政治・国際関係的には遣明使（朝貢使節）で、これは五山文化（北山文化・東山文化）に絶大なる影響を与えています。日本で伝統文化と言われているものの基礎は、これによって形成されました。

これはあくまで私の考えですが、現代につながっているという点において、遣明使は遣唐使よりも大きな歴史的意義を持つと思います。たしかに遣唐使は大事ですが、鎌倉時代には渡来僧の世紀、室町時代には遣明使による日明交流があり、五山文化というかたちでさまざまなものが入ってきました。遣唐使時代を第一次とすれば、第二次の中国模倣時代です。こうして移入された文化が日本の伝統文化となり、今につながっているわけです。

4　寧波の時代

日本文学のなかの寧波（明州）

ここで、高橋公明《きみあき》氏の「海域世界の交流と境界人」という文章の一部をご紹介します。これは大石直正、高良倉吉両氏との共著『周縁から見た中世日本　日本の歴史14』（講談社学術文庫、二〇〇九年）に収められていて、日本史でありながら世界史の中の日本という観点で書かれています。

　文学作品のなかでの明州、すなわち寧波は、まさに中国の出入り口であった。それは、当時の日本人が、明州という都市名を通じて中国を連想していたことを示している。そして、実際の人の動きも浙江省からのものが多く、その観念を裏付ける、あるいは強化するものであった。（二〇七ページ）

第2章でも登場した寧波《にんぽー》が出てきますね。高橋さんはこの引用部分より前のところで、具体的な例を紹介しています。たとえば謡曲「唐船《とうせん》」の登場人物として祖慶官人《そけいかんじん》という人が出てきますが、この人は明州《めいしゅう》出身です。彼は連行されて箱崎（福岡市）で暮らしていましたが、ある時、祖国の明州から「そんし」「そゆう」という二人の子どもがやってきた。この二人の名前は漢字ではなく、平仮名で記されています。祖慶官人は日本人妻との間にも二人の子どもをもうけていましたが、妻を除いた家族みんなで中国へ帰っていく。同じ筋立てで、狂言にも「唐人子宝」という演目があります。

能の「箱崎物狂《はこざきものぐるい》」は次のようなあらすじです。祖慶が日本人の妻との間にもうけた二人の子ども、「千代若」「千代満」にはそれぞれ中国名があり、前者は祖範《そはん》、後者は祖竹《そちく》です。祖が苗字で範・竹が名前ですね。彼らの母親は日本に残っていたけれども、精神に異常をきたしてしまった。千代若・千代満は日本に戻り、母親を中国へ連れていきます。

これらは遣明使の時代を舞台にしているので寧波が出てくるのは当たり前なんですが、

もっと昔の話にまで寧波が出てきます。ひとつは舞の「大織冠《たいしょくかん》」です。大織冠というのは藤原鎌足《ふじわらのかまたり》のことですね。これは実話ではありませんが、彼の次女が唐の皇帝の妃になるために難波《なにわ》から出航し、明州に到着するというあらすじです。藤原鎌足は大化の改新の立役者で、七世紀の人です。その頃、寧波はまだ港として整備されていないのでそんなことはありえないのですが、謡曲・能・舞・狂言などがつくられた室町時代の人たちの感覚を反映し、寧波に着くことになっている。

さらに舞の「笛の巻」では牛若丸《うしわかまる》（源義経《みなもとのよしつね》）の笛の由来について、空海《くうかい》が明州から帰国した際に持ち帰ったものとしています。空海が明州付近の港から帰国したことはたしかですが、この舞の作者は古文書などでちゃんと調べているわけではありません。中国から帰るのであれば、寧波から帰るに決まっている。そういう観念のもとに設定されています。

高橋さんはこれらの例を挙げて「文学作品において、寧波は中国の出入り口としてイメージされていた」と述べています。この時期、日本人が中国と聞いてイメージするのはパンダの四川省や泰山の山東省ではなく、寧波を港とする浙江省でした。朝鮮出兵の時に出した手紙の中で、豊臣秀吉は「自分は中国全土を占領したら寧波へ行き、東アジア全体を治める」と書いています。彼は生涯にわたり日本から一度も出ていませんが、文学作品などを通して、その脳裏には寧波という町のイメージが刷り込まれていました。

堺

寧波に対応する日本の港町は博多でしたが、一五世紀にはこれと並んで堺も台頭してきます。堺は大阪府の南部にあり、瀬戸内海に面している。古代、瀬戸内海の東で貿易港として使われていたのは難波です。室町時代の人たちもこのことは把握していて、先ほど触れた舞の「大織冠」でも鎌足の娘は難波（大阪）から船に乗ることになっています。一二世紀に平氏政権によって整備された福原（神戸）ではない。国内のことについては、時代考証がしっかりしています。

かつて福原があった神戸は、明治時代になるとふたたび港として大きく発展します。そもそも、港の水深が深いので大型貿易船が直接入港できることが、一二世紀の清盛や一九世紀の西洋列強が目をつけた理由でした。

一方、堺は室町時代になると、瀬戸内海の国内航路としてだけでなく、国際貿易港としても繁栄します。やがて町衆による自治都市となり、スペイン・ポルトガルとの南蛮貿易によってここで鉄砲がつくられました。室町幕府が分裂し、ほんの一時期ではありますが堺幕府も存在しました（一五二七〜一五三二年）。

これは今谷明さんが『戦国期の室町幕府』（講談社学術文庫、二〇〇六年）で用いている名称で、当時からそう呼ばれていたわけではありません。ただ、京都でライバルとの勢力争いに敗れた足利義維《よしつな》が堺に逃げてきて「俺が本物の将軍だ！」と宣言し、五年間頑張っていた。義維は第一一代将軍義澄《よしずみ》の子で、一四代将軍義栄《よしひで》の父です。義維は室町幕府の正統な将軍にはなっていないのですけれど、一時期は堺を中心に彼を擁立する勢力が存在したのです。

その後、彼は京都から攻めてきたライバルに追い立てられ、海を渡って阿波《あわ》（徳島県）に移ります。阿波国を基盤とする細川氏に庇護されて平島（阿南市）に住んでいたため、平島公方《くぼう》と呼ばれていました。

5 寧波の乱

一五二三年に寧波の乱（寧波争貢事件）が起こります。二つの遣明船が寧波で鉢合わせした結果生じた事件で、日本国内の二つの政治勢力の争いが絡んでいます。

その対立関係とは細川氏vs大内氏です。先ほど述べたように細川氏は阿波を基盤に代々幕府の管領《かんれい》を務める家柄で、平島公方・足利義維を庇護しています。管領というのは江戸幕府における老中にあたります。応仁の乱の時に細川家の当主だったのは細川勝《かつ》元《もと》で、この人は東軍の主力大名でした。

一方の大内氏は中国地方西部の守護大名で、今の山口県を拠点として広島県、島根県、福岡県のあたりまで勢力を伸ばしました。後でお話しする石見銀山《いわみぎんざん》は、大内氏の勢力範囲にあります。応仁の乱の時、大内家の当主だったのは大内政弘《おおうちまさひろ》で、彼は山名宗全《やまなそうぜん》率いる西軍に加勢して主力大名になっている。つまり、応仁の乱の時から細川と大内は対立しているわけです。

これは単なる好き嫌いではなく、それぞれの経済的な事情によるものです。大内氏が九州北部まで勢力を伸ばし、博多を支配する一方で、細川氏は阿波の対岸にある堺を支配します。応仁の乱の後、一〇代将軍義稙《よしたね》を大内義興《よしおき》が、一一代将軍義澄を細川政元《まさもと》がそれぞれ支持していました。足利義澄は細川政元と組んで足利義稙を追い出し、一一代将軍になっています。義澄の息子は義維ですが、その時には義澄の流れを汲む細川方が京都を追い出され、義維は堺で「俺が将軍だ！」と言っていた。ですから細川・大内の両者は、幕府の分裂にかかわっていました。

そしてこの二派は、明との貿易でも対立します。本来、足利将軍が明の皇帝へ貢ぎ物を持っていくと「お前が日本国王か。じゃあ貿易を許してやろう」と言って勘合をくださる。一五〇五年に明で正徳《しょうとく》帝が即位して新しい勘合（正徳勘合）を発行しましたが、当時幕府を掌握して貿易を独占しようとしていた大内・博多側が、政敵・商売敵である細川・堺側には渡しませんでした。しかし、細川氏および堺の商人もやはり貿易をしたい。細川・堺側も遣明船を送りますが、その時彼らが持参したのは古い勘合でした。

正徳帝が発行した勘合を正徳勘合、先代の弘治《こうち》帝が発行した勘合を弘治勘合と言います。そして、大内・博多船と細川・堺船の両者は寧波で鉢合わせします。堺を出航した細川氏肝煎《きもい》りの弘治勘合を持った一行と、博多を出航した大内氏肝煎りの正徳勘合を持った一行は互いに「うちが持っているのが本物で、お前たちのは偽物だ」と言って譲らず、最終的には乱闘騒ぎになって寧波の街を焼く大事件に発展します。

寧波の人たちはこの様子を見て、どう思ったでしょう。勝手に来てつまらないことで喧嘩を始め、平和に暮らしていた寧波の人たちの家を焼き払ってしまった。当然「日本人はけしからん」ということでイメージが悪くなります。そのため日本は、明の政府から朝貢差し止め処分を受けます。どちらかの勘合が本物でもそんなことは関係ない。乱《らん》暴狼藉《ぼうろうぜき》をはたらくお前たちはしばらく来るな、と。つまり「うちの国に来て商売してはいかん」という罰が下ったわけです。

しばらくして、出入り差し止めは解除されます。勘合貿易は再開されます。しかしながら、人々の記憶はそう容易に消えません。寧波争貢事件は浙江省の人たちに「倭人は野蛮だ」というイメージを植え付けました。日本人というのはとにかく野蛮でがさつでひどい奴らだ、と。

寧波の乱は大規模で象徴的な事件ですが、中国ではこれ以外にもしばしば似たようなことが起こっていました。たとえば、倭寇《わこう》と呼ばれた日本人を中心とする海賊集団は一四世紀には始まり、一六世紀後半に最盛期を迎えます。彼らも寧波争貢事件同様、中国沿海部を荒らし回ります。日本人が残虐だという中国でのイメージは二〇世紀前半のできごとをもとに急に生まれたわけではなく、前史としてこうした諸事件があったのではないでしょうか。「あいつらなら、むごいことをやりかねない」と、すでにずっと昔から思われていたのです。

6　戦国時代の歴史的意義

戦国乱世

応仁の乱（一四六七～一四七七年）以降、室町幕府の求心力が弱まり群雄割拠状態となります。紀元前五～三世紀、秦の始皇帝が登場する前、中国に戦国時代がありました。これにちなんで、江戸時代になってから「戦国乱世」という表現が定着し、今でも室町時代の後半を「戦国時代」と呼んでいます。でも、戦国時代の人たちには自分たちの時代は乱世という異常事態で、やがて統一権力が生じて天下泰平になるという意識はあまりなかったはずです。

ところが、戦国時代を舞台とする映画やテレビドラマでは、登場人物たちが「この戦国の世を早く終わらせなければならぬ」と言いますよね。彼ら登場人物たちは戦国時代という言葉を知らないはずなのですが、見ているわれわれのほうは、そのあとやがて秀吉や家康が天下を統一することを知っているから、別に不思議だと思いません。

でも、当の本人たちがもし本当にそういう意識、「戦国の世を早く終わらせよう」と思っていたのだったら、みんなで協力してもっとさっさと平和な世の中に変えたはずで、私はおかしいなと感じながら観ています。昭和時代を扱うドラマについても同じことが言えて、もし国民みんながほんとうに「戦争はいやだ」と思っていたのなら、戦争はあんなに長引かなかったはずだと思いますよ。

応仁の乱を境に日本の歴史は二分される

さて、第2章で紹介した内藤湖南《ないとうこなん》、あの唐宋変革論を唱えた人は、一九二一年に「応仁の乱に就《つい》て」という日本史についての講演を行っています（『日本文化史研究　下』講談社学術文庫、一九七六年）。内藤はこの講演で室町時代の画期性を強調します。現在の日本の文化の源流は応仁の乱にある。それ以前の、たとえば平安時代の文化は、まるで外国のことのように感じられると、彼は語ります。

今でも日本史について語る時、普通は古代、中世、近世、近現代の四つに分けますよね。教科書ではこれらの名称こそはっきりとは用いられていませんが、章立てはこの区分に従っています。古代が日本国の成立から平安時代まで（細かいことをいえば、私が教わったころは鎌倉幕府の成立まで、今では院政の誕生まで）、中世はそのあと織田信長の登場まで、近世がそのあとペリー来航まで、そして幕末の動乱期以降が近現代として区切られています。

また、この四区分のうち中世・近世を武家政権の時代としてまとめ、三区分で考えたりもします。これはヨーロッパにおける歴史認識の三区分法（ギリシャ・ローマの古代、ゲルマン民族大移動に始まる中世、ルネサンスと宗教改革に始まる近代の三つ）を当てはめたものです。

これにたいして尾藤正英・朝尾直弘といった日本史の教授たちは、一九八〇年代になってから、それぞれ独立に、内藤湖南が提唱した時代区分を積極的に評価するようになりました。彼らは「応仁の乱に就て」から引用し、歴史上の大きな切れ目は応仁の乱とそのあとの戦国時代、すなわち、いわゆる中世と近世との間にあると考えました。古代と、中世・近世と、近現代という三つではなく、古代・中世と、近世・近現代との二つに区切るほうが適切だというのです。

応仁の乱を境として日本の歴史は大きく二つに分かれる。古代と中世は続いているけれども、中世と近世の間には質的に大きな変革があった。内藤湖南は、中国でいえば唐宋変革がそれに当たると考えていました。日本史では戦国時代に大きな転換が起こり、この前と後とでは違う社会になる。ここに大きな変革があって近世が生まれ、しかもこれは今に続いているというのです。

明治以降の西欧化・近代化は日本にとって大きなことではありますが、日本人のものの考え方や文化、生活様式はそれほど大きく変化しませんでした。たとえば日本人は今でもコメを主食にしています。西洋化が進んだからといって、すべてがパン食に切り替わったわけではありません。一方、縄文時代の末期から日本列島では稲作が行われていましたけれど、室町時代になっても皆が日常的にコメを食べていたわけではありません。今のような食事のスタイルが確立されたのは近世になってからです。

井上章一さんは内藤の所説を受けて、『日本に古代はあったのか』（角川選書、二〇〇八年）という本を書き、さらに過激なことを言っています。そもそも日本史に古代という時代区分は必要ない。日本は中国の真似をして律令国家をつくった。中国はその時すでに中世だったのだから、日本の律令時代も古代ではなく中世のはずだ、というのです。この本は非常に刺激的でわかりやすいので、ぜひ読んでみてください。でも、受験勉強にこの本を使うとまずいかもしれませんね。今の入試問題は古代があることを前提としてつくられていますから。

能狂言、茶道、華道、連歌、お伽噺

さて、先ほどから述べているように、室町時代に生まれた文化がその後の文化のもとになりました。これは具体的にはどういうことでしょうか。それが前の章で述べた五山文化なのです。五山文化は鎌倉時代の後半から入ってきましたが、室町時代になってか

ら本格的に栄えました。たとえば能狂言、茶道、華道、連歌《れんが》、お伽噺《とぎばなし》などが挙げられま

す。

能狂言、茶道、華道は今でも残っていますよね。連歌は江戸時代に俳諧となり、明治以降には正岡子規により俳句が確立されます。お伽噺については、少し詳しく説明しましょう。

お伽噺は江戸時代に出版されて「御伽草子《おとぎぞうし》」という名称になります。「おとぎ」とは、夜寝るときに相手をすることです。みなさんも幼少時に「おはなし」をしてもらいながら寝た経験があると思います。今でもテレビCMでやっている桃太郎、金太郎、浦島太郎は、お伽噺の登場人物の代表格でしょう。浦島太郎が亀を助けて竜宮城に行き、戻ったら何百年も経っていたという話の骨格は昔からあるのですが、彼や乙姫の服装などの細かい点が、私たちがいま知っているような、テレビCMで演じられているかたちで定着したのは室町時代です。

また、金太郎は坂田金時という平安時代に実在した人物の幼名とされています。金太郎は足柄山でクマと相撲を取り、母に孝行する元気で優しい子どもに育った。足柄峠に

さしかかった時に源頼光と出会い、その力量を認められて家来となった。名前も坂田金時と改名し、京にのぼって頼光四天王の一人となった。当時、大江山に住む酒呑童子《しゅてんどうじ》が都を襲って乱暴狼藉をしていた。源頼光と四天王たちは山伏に姿を変えて大江山へ行き、眠り薬の入った酒を使って酒呑童子とその子分たちを退治します。

このお話も、原型は平安時代にあり、頼光は『今昔物語集《こんじやくものがたりしゆう》』でも活躍する実在の武将ですけれど、金太郎の足柄時代の話が造形されるのは室町時代です。

さらに、桃太郎は犬・猿・雉《きじ》を従えて鬼退治をし、宝物を持ち帰って両親を喜ばせますが、あのストーリーも御伽草子によっています。つまり、子どもに聞かせる昔話も、その登場人物は大昔の人であったにしても、ストーリー自体は室町時代に生まれ、江戸時代を経て、いまに伝承されているのです。

一向一揆・法華一揆

応仁の乱と戦国時代は、仏教にも質的転換をもたらしました。仏教で大きな変化が起きるのは、教科書では鎌倉時代だと言われますよね。栄西・道元が禅宗をもたらし、天台宗の中から法然（浄土宗）、親鸞（浄土真宗）、一遍（時宗）、日蓮（日蓮宗）が出てきます。これらの宗派の開祖は鎌倉時代に活躍した人たちだからです。しかし、彼らの教えが全国的に広い社会階層に浸透し、社会的に大きな意味をもって仏教界の勢力地図が塗り変わるのは、室町時代になってからなのです。

浄土真宗の門徒による一向一揆《いっこういっき》（当時、今でいう浄土真宗は一向宗と呼ばれていました）や日蓮宗の法華《ほっけ》一揆が有名です。一揆というと貧しい農民たちが蓆旗《むしろばた》を立てて領主の悪政を訴えるイメージが強いでしょうが、もともとは同盟・連帯という意味で、同じ宗派の人たちが結集して社会的な力をもち、自治を行ったりすることを指していました。

加賀（石川県）の一向一揆は国人（在地の武装領主）たちが守護の富樫氏に反発して起したもので、紆余曲折はありながらも約一〇〇年間（一四八八～一五八〇年）、自治組織を作って加賀を治めました。

京都で一五三二年に起こった法華一揆は、最初は日蓮宗と浄土真宗の対立、後半は日蓮宗と天台宗の対立となりますが、日蓮宗（当時の呼称で法華宗）を信仰していた町衆が主役でした（今谷明『天文法華の乱――武装する町衆』平凡社、一九八九年）。

町衆は先ほどの堺でも自治政府を組織します。こちらは臨済宗大徳寺派の影響が強く、千利休《せんのりきゅう》という茶道の大成者もその一員でした。茶の湯の文化は彼ら堺の商人たちが生み出し、織田信長や豊臣秀吉のような成り上がりの田舎大名たちの心を虜《とりこ》にしていったものだったのです。

このように国人とか町衆とか、応仁の乱以前には表面に出てこなかった社会階層が主役になるのが戦国時代の真の姿であり、大名同士が天下統一をめざして闘ったというお話は、江戸時代に作られた歴史認識、それこそ「お伽噺」にすぎません。ゲームソフトの会社も「誰それの野望」シリーズはそろそろ卒業して、より史実にもとづいた「国人・町衆一揆ゲーム」を創ってもらいたいものです。

7 「せめぎあう海」の時代

豪華絢爛の時代

こうしていよいよ安土桃山時代になります。

政治的には、一五六八年に織田信長が足利義昭を奉じて上洛して室町幕府の実権を握り、一五七三年に義昭を追放してから、豊臣秀吉の時代を経て、一六〇〇年の関ヶ原の合戦で徳川家康が勝利し、一六〇三年に征夷大将軍になって江戸幕府を開くまでの時期です。信長の晩年の居城が安土、秀吉の晩年の居城が伏見桃山なのでこの名称になっていますが、別名、織豊時代とも言います。

本筋から外れる些事ですが、教科書で一五七三年を「室町幕府の滅亡」としているのは正確ではありません。義昭は信長によって京都を逐われますが、将軍をやめたわけではありません。その後は、中国地方の大名毛利《もうり》輝元《てるもと》の庇護を受けて備後の鞆《とも》の浦《うら》（広島県福山市）にいて、全国の大名たちに「打倒信長」を呼びかけつづけました。輝元が秀吉に従属したのち、一五八七年に京都に戻って出家し、ここではじめて正式に征夷大将軍をやめます。晩年は秀吉のそばにあって、その話し相手として余生を送りました。

さて、安土桃山時代の文化は、安土城・大坂城・伏見城などに代表される、豪華絢爛さを特徴としています。戦国時代の山城が防御施設だったのに対して、これらの城は防御施設であるとともに行政のための居館であり、近くには家臣や商人が居住して城下町を形成しました。戦国時代とはさまがわりしたその繁栄を支えた一つの要因が、海外貿易でした。

なぜ国際交易が盛んになったのか

この時期に国際交易が盛んになったのは全世界的な現象でした。特に東アジア海域には「せめぎあう海」と呼べる状況が生まれていました。「せめぎあう海」というのは一六世紀を表現する言葉で、前に紹介した「ひらかれた海」と同じく、『東アジア海域に漕ぎだす1――海から見た歴史』（羽田正編、二〇一三年）で用いたものです。

「ひらかれた海」の時代、一三世紀後半から一四世紀前半は、政治権力による統制が弱く、経済的な交易が比較的自由に行われていました。モンゴル帝国の政策の反映です。

ところが、一三六八年に中国で明が建国されると状況が一変します。明は儒教、特に当時の主流派だった朱子学を信奉する人たちによって運営されていました。昔からの儒教の教義である「農業が大事で、商業はあまりよくないもの」という考え方と、これも儒教の「中華と周辺諸国の関係は、君主同士の朝貢冊封関係に限定する」という政策を採用します。その結果、日本をふくむ東アジアの国際交易は低調になってしまいます。

また、元時代の末期から、政治権力が弱い状態に便乗して、暴力的な略奪行為を行う海賊集団が発生していました。「倭寇《わこう》」です。倭寇とは、「日本の盗賊」という意味で、倭寇の主体が日本人だった、正確には中国や朝鮮の人たちからそう思われていたために、この名で呼ばれることになったものです。明政府の政策は、貿易を国家の管理下に置いて海の治安を回復するという、倭寇対策の一面も具えていました。

このような情勢変化を受けて、中国との交易を続けるために、日本では足利義満が、明の皇帝に朝貢することでこれを許されました。これが遣明使の時代です。こうして一六世紀を迎えます。

世界史の教科書では一六世紀のことを「大航海時代」と呼んでいます。私が高校生の頃は「地理上の発見」と呼ばれていました。バスコ・ダ・ガマやコロンブスやマゼランが、中世のヨーロッパ人が知らなかった土地を「発見」したからです。

でも、考えてみれば、これほど失礼な呼び名はありません。「発見」された土地、インド洋沿岸やアメリカ大陸、東アジアには、ずっと前から人が住み、国を作り、歴史を刻んでいました。そこで、より中立的な「大航海時代」になったわけです。ただ、これもまた、「一六世紀になってからはじめて遠洋航海が始まった（その担い手はヨーロッパ人だ）」という意味の名前です。けれども実際は、それ以前からユーラシア大陸の南側の大洋、インド洋・南シナ海・東シナ海では「大航海」が行われていました。

とはいえ、ヨーロッパ人が直接世界各地に行くようになったのは、やはり一六世紀の特徴です。それまでは一三世紀に有名なマルコ・ポーロのような人はいるものの、継続的に多くのヨーロッパ商人が交易をするために行き来することはありませんでした。彼らは何を求めてやってきたのでしょう？

8　銀の時代

銀の需要増大

モンゴル帝国がユーラシア大陸の東端から西端まで制覇していた時代、経済交流が活発になりましたが、そこでは世界通貨として銀塊が使われていました。これは銀を型にはめてつくったもので、漢文文献では銀錠《ぎんじょう》と表記されています。これを裏返して見てみますと馬の蹄《ひづめ》に似ているため、日本では馬蹄銀《ばていぎん》という俗称で広まりました。

馬蹄銀（銀錠）

元が衰退し、明が成立しても依然として銀が主要な通貨として流通し、銀錠は秤量貨《しょうりょうか》幣《へい》（重さを量って使う貨幣）として使われました。

前にも述べたように元は滅びたわけではなく、モンゴル族は明の北で依然として巨大な軍事力を持ち続けていたため、その国境警備が重要でした。明の国境線が万里の長城であることはご存じかと思います。これは秦の始皇帝がつくったことで有名ですが、私たちが今見ることができる万里の長城は明代につくられたものです。明はそこに数十万規模の軍隊を常駐させ、都の北京を守りましたが、そのためには兵士たちの食糧を調達しなければならない。江南地方は農耕地帯で経済的に豊かですから、そこからの税収で経費を賄うという構造ができていました。

そのため政府の銀の需要が増大します。通貨として大量に流通することになりました。明は国家システム上、銀を必要としていたわけです。

石見銀山

ちょうどそのころ、一六世紀に日本列島では銀の鉱脈が次々と発見され、銀山開発が進んでいました。それと合わせて金も発掘されます。日本国内での需要を賄うためでなく、中国国内での需要拡大に伴う輸出産業として金山・銀山の開発が進みます。

その象徴的な事例が、島根県大田市にある石見銀山です。ここは二〇〇七年、世界文化遺産に登録されました。一五二六年に博多商人の神屋《かみや》寿禎《じゅてい》が、海上から「ここには銀山がありそうだ」と目を付けます。地元の人ではなく博多商人、すなわち貿易商人が見つけたというところがポイントですね。

そして当然のことながら当時、中国地方および九州北部を押さえていた大内氏はここに目を付けました。寧波の乱は一五二三年ですから、石見銀山が発見されたのはその直後です。一五二八年、大内義隆はここにわざわざ矢滝城という拠点を築き、石見銀山を支配下に置いて開発を進めます。大内氏はそれまでここをさほど重視していませんでしたが、利益を独占するために配下の軍隊を駐屯させました。

銀山と言ってもそこに銀の塊が埋まっているわけではなく、鉱石を採ってきて純度の高い銀に製錬する必要があります。一五三三年、朝鮮伝来の灰吹法という製錬技術が石見銀山に導入されました。灰吹法による製錬が開始されると、大量の銀を産出することができるようになりました。大内氏は博多を押さえ、明や朝鮮と貿易をしていましたから、自分のところで通貨となる銀を産出できれば言うことはありません。

石見銀山の支配権を得たことは彼らの大きな強みとなりましたが、それは同時に不幸の始まりでもありました。まず、大内氏の下にいた勢力が石見銀山を狙うようになり、その後数十年間、これは諸勢力の争いの原因のひとつとなります。その後、石見銀山は戦国大名の尼子氏と毛利氏が争う場所となります。さらには、織田信長もここに手を伸ばしてくる。

いろいろありながらも毛利輝元がここを押さえていましたが、一六〇〇年の関ヶ原合戦で輝元は西軍、つまり石田三成の味方をしたため領土を縮小されます。この戦いに勝利した徳川家康は、石見銀山を自らの直轄領にします。加藤清正《かとうきよまさ》や黒田長政《くろだながまさ》のような合戦の功労者に褒美として与えず、自分のものにしたわけですね。関ヶ原合戦の二年後、一六〇二年に石見銀山から産出された銀は四〇〇〇貫でした。これは今の単位に直すと約一五トンですから、大銀山ですね。

石見銀山は一六世紀の初めに発見され、一七世紀にかけて銀を大量に産出した。この頃、日本各地で金山・銀山が数多く発見されます。石見銀山はその象徴的な例で、朝鮮伝来の技術を導入したため大量生産を実現することができました。銀を含有する岩石があるということがわかっていても、それを製錬して銀にできなければ意味がありません。大陸伝来の最新のテクノロジーを使うことにより地下資源が利用可能となったわけですが、これは倭寇の跋扈《ばっこ》とも関係してきます。

倭寇的状況

一六世紀半ばの状況のことを、倭寇的状況と言うことがあります。これは要するに、倭寇が活躍していた時代状況ということですね。一六世紀、東アジア全域で儒教式官僚国家の力が衰え、地方の自律的な集団の活動が盛んになった。明では郷紳《きょうしん》と呼ばれる地方の有力者が力を持ってくる。郷紳の「紳」は男性の装身具です。やがてそれを身に付ける身分の紳士という意味になります。紳士というのはいまでは gentleman の訳語ですが、もともと中国に古くからある言葉です。要するに立派な男性という意味ですね。郷紳というのは学問をして科挙試験を受け、官僚になることを目指している人たちです。これは実質的には科挙官僚たちと同じですが、地方で力を持っている人たちを特に郷紳と呼ぶ。一六世紀になると明では中央政府の統制力が衰えたため、こうした地方の有力者たちが力を持つようになっていきます。

日本では室町幕府の求心力が衰え、全国各地に大名（戦国大名）が出てくる。先ほど出てきた尼子氏や毛利氏もそうですね。朝鮮では比較的に中央国家の力が強かったという印象がありますが、一六世紀になると王朝の中央集権的な統治が弱まり、郷紳のように地域でリーダーシップを取るエリートたちが出てきます。

一六世紀、東アジア各地で、国家よりも地方が力を持つようになっていく。また、この地域にヨーロッパの人々という新たなアクターが登場します。この時期、スペインやポルトガルの人たちが東アジア海域交易圏に参加してくる。スペインの本拠地はフィリピンのマニラ、ポルトガルの東アジアにおける本拠地はマカオです（マカオでは長きにわたってポルトガルによる植民地統治が続いていましたが、一九九九年に中国に返還されました）。このように中国・日本・朝鮮の中央政府のみならず、この海域でさまざまな主体・アクターが自らの利益のために振る舞うようになりました。

スペイン人の宣教師、フランシスコ・ザビエル（シャビエル）が日本にやってきてキリスト教を伝え、鹿児島県の種子島に鉄砲が伝えられた。ポルトガル人が鉄砲を伝えたと言われていますが、彼らは何も「鉄砲を伝えよう」と思って日本にやってきたわけではありません。これはあくまで貿易の中で入ってきたものです。種子島に鉄砲をもたらしたポルトガル人は自分たちで船を漕いでいたのではなく、王直《おうちょく》という人の船に乗っていました。

王直は中国人ですが倭寇のリーダーのひとりで、一五五二〜一五五六年に起きた嘉靖《かせい》大倭《だいわ》寇《こう》の中心人物です。倭寇には複数のグループがありました。倭寇というのは言ってみれば現在における「反社会的組織」（ヤ●ザ）のようなものですが、当人たちは反社会的なことをやっているつもりはありません。稼業として商売をやっているのですが、官憲に睨《にら》まれた場合には武装して抵抗する組織というにすぎません（私は彼らを肯定しているわけではないので、念のため）。王直はそのなかでも最大のグループを率い、明の政府と衝突したのでした。

このように、一六世紀になると東アジア各地で国家権力の威信が揺らぎ、諸勢力が対立するようになった。この時代にはさまざまな勢力が入り乱れ、自らの利害を優先してせめぎ合っていたわけです。私たちはこの状況を「せめぎあう海」と名づけたのです。

金銀生産と朝鮮出兵

さて、倭寇の倭は日本ですから日本人が主体というイメージがありますが、王直のように中国生まれ・中国育ちの人もいた。倭寇はすべて日本人というわけではなく、そこでは出自の異なるさまざまなグループが混在していました。

日本人がそこで活躍できたのは、銀を持っていたからです。これは研究者たちの想像を交えた推測ですが、一六世紀後半、日本で産出される銀は世界の総産出量の三分の一近くを占めていたと言われています。この頃にはすでにアメリカ大陸が発見されており、ここからも大量に銀が出ています。この時期にスペインが栄えるのは、べつに優秀な工業製品を作ったわけではなく、単にアメリカ大陸の植民地から金銀を収奪したからです。

日本もそれとよく似ていました。

豊臣秀吉の権力基盤は金銀生産と、それを使うことによる貿易の独占にありました。彼は日本列島を統一し、太閤検地《たいこうけんち》を行って田畑を測量してそこから納税させましたが、権力・財産の基盤は金銀にあった。石見銀山はひとまず毛利氏に任せていましたが、それ以外の銀山は直轄にしていました。さらには、貿易港として堺を使っていました。

それでやや図に乗ってしまったのか、彼は中国を手に入れようとする。これを「唐入《から》り」といいます。その計画の詳細についてはいまだにわかっていませんし、そもそも綿密な計画があったのかもわかりませんが、彼は明の全土を占領するつもりで軍隊を朝鮮半島に送ったようです。

彼は朝鮮に「中国を攻めるので、自分の軍隊を通行させてくれ」と言いますが、明の朝貢国である朝鮮は当然それを拒絶します。そして一五九二年、秀吉は「まずは朝鮮を成敗する」ということで朝鮮に出兵する。この時、朝鮮に二〇万人ぐらいの軍隊が渡ったと言われていますが、秀吉がこれだけの大軍事作戦を実行に移すことができたのは、日本が金銀を輸出することで富国強兵を実現していたからです。

銀を制する者は世界を制す

一方でヨーロッパ人も、中国と貿易する時に銀を持っていると有利であるため、自分たちが支配する地域で懸命にこれを発見しようとしました。彼らにとって幸いなことに、アメリカ大陸には銀の鉱脈がたくさんあることがわかり、スペインはここで銀山を開発していきます。

スペインは中南米のうち、ブラジル以外のほとんどの地域を押さえていました。その中でも特に有名なのはポトシ銀山です。これは当時、スペイン領ペルーにありましたが、現在はボリビアの領土に含まれています。ヨーロッパの南端にあったスペインはポトシ銀山などの開発により、一気に世界帝国へと飛躍する。さらにスペインは勢いを増し、一五八〇年から一六四〇年までの一時期はポルトガルを併合していました。東アジアの交易をめぐり、ライバル関係にあった隣国まで併合していたわけです。

当時、ヨーロッパ最強の国家はスペインでした。一五八八年の海戦でイギリスがスペイン無敵艦隊に勝ったことが世界史の教科書に載っていますが、だからといってイギリスがすぐにスペインに取って代わったわけではありません。

他方、中国では日本やアメリカ大陸から銀が入ってきたことにより、一条鞭法《いちじょうべんぽう》という税制が行われます。それまでは現物の交換、あるいは国内通貨としては銅銭が流通していたけれども、これからは銀に一本化する。これは一言で言えば、銀で税を納めさせる制度です。

一五六八年、中国南部の江西省で一条鞭法が施行されましたが、内閣大学士の張居正《ちょうきょせい》はこれに目を付けます。内閣大学士というのは今の日本で言えば大臣で、室町幕府では管領、江戸幕府なら老中に当たります。張居正は政治の実権を握っており、一五七八年に皇帝にこの制度を全国で施行することを建議します。そして一五八一年、全国で実施されることになり、中国の税制は銀に一本化されました。

先ほども言いましたように明は元の勢力を恐れ、万里の長城に数十万規模の軍隊を常駐させていました。彼らに支給する食糧などの経費を賄うためには南方の穀倉地帯から物資を輸送する必要があります。そのための通貨として日本産の銀が必要だったわけです。一条鞭法の全国的施行は、充分な銀の供給があってはじめて可能であり、以後、税は銀納が中心になった。そのため、銀の需要はますます増大します。

9 茶の湯のはじまり

アメリカの経済歴史家・社会学者のアンドレ・グンダー・フランクの『リオリエント』という本には「この時期の世界は中国経済を中心に回っていた」と書かれています（山下範久訳、藤原書店、二〇〇〇年）。これは日本人・中国人にとっては当たり前のことですが、英語圏の一般読者、つまり中国史・日本史にそれほど明るくない人たちにとっては非常にショッキングな記述でした。

欧米人は「ギリシャ・ローマの時代から世界史はヨーロッパを中心に回っていた」と思いがちですし、歴史学者でもそういう信念を持っている人はたくさんいます。彼らにとって「一六世紀の世界経済は中国を中心に動いていた」という説はかなり耳新しいものであったためこの本は世界的に注目され、日本でも翻訳されました。中国の偉大な歴史を知らない日本人読者たちは欧米人同様にびっくりしたようです。しかし、偉そうな言い方になりますが、私は以前からずっとそう思っていましたからフランク説に別段驚きませんでした。

中国では唐宋変革のあと貨幣経済が発展し、手工業品や商業作物、貿易商品の流通が盛んでした。同時期のヨーロッパなど、その足元にも及びません。平清盛が日宋貿易を推進して富を集積したことや、禅僧がもたらした五山文化に人々があこがれたこと、そうした前提のうえで豊臣秀吉の「唐入り」計画があることを理解してください（なお、二〇一七年一一月に、私の恩師のひとりである斯波義信教授が文化勲章を受章しました。斯波先生は宋代商業史の研究者で、こうした問題を長年研究してきた方です）。

当時、中国と並ぶ勢いを持っていたのはイスラム圏のオスマン朝トルコですが、おそらく中国のほうが経済的に潤っていたのではないかと思われます。

以下は私の仮説ですが、この頃の日本の銀は二〇世紀における石油と同じ役割を果たしていたのではないか。UAE（アラブ首長国連邦）のドバイは中東屈指の世界都市・金融センターとして二一世紀になってから急速に発展しましたが、豊臣秀吉の頃の大坂はきっとあんな感じだったのでしょう。彼は成金趣味できらびやかなものを好み、黄金の茶室をつくった。人間というのはお金がたまると、次は文化人として振る舞いたくなるようです。

あるフランスの社会学者（ピエール・ブルデュー『ディスタンクシオン』石井洋二郎訳、藤原書店）は、次のようなことを言っています。生まれながらの貴族は貴族ぶらない。ごく自然にふるまうので、わざとらしくない。ところが、努力して立身出世した者はそうではない。気張って「私はこういう優れた趣味を持っている」と誇示し、それを見せたがる。そのため、伝統的な文化価値を意図的に尊重しようとする。それはもともとの文化的貴族から見たら痛々しいものだったことでしょう。

明治維新の功労者たち、薩長出身の政治家・財界人たちやその子孫がまさにそうですね。本当は文化のことなどわかっていないくせに、通人のふりをする。醜いかぎりです。対照的に西郷隆盛《さいごうたかもり》のように「おいどんは、そげんなことはわかりもさん」と言って（そう言ったかどうか知りませんが）、以前とかわらず犬を引き連れてウサギ狩りをしている方が、よっぽど正直です。

秀吉も権力を手に入れて金ができてから茶の湯を始めましたから、まさに成金趣味の金の茶室を作らせるわけです。そうすると、彼にたかろうとするブローカーが出てきます。千利休です。

彼は自分の鑑識眼で茶器に値段をつける。このての道具類の値段はあってないようなものです。小難しくマルクス流にいえば、交換価値が使用価値に見合っていません。でも、利休がつける値段を権力者たる秀吉やその家来たちが追認することで、朝鮮の民芸品（高麗茶碗）が宋代の宮廷で作られた芸術品と同じ高額商品になってしまいます。こうして茶の湯の世界が始まるのです。他の大名たちも成金なので「これはいいものなんだ」と思い始める。このようにして何でもない民芸品の値段がどんどんつり上がっていき、利休は大儲けしたようです。

10 政府間関係の推移のまとめ

それではここで、遣唐使断絶以降の日中政府間の関係の推移をまとめておきましょう。

一〇世紀、浙江省にあった呉越と日本に政府間の交流はなかったものの、天台宗の教団同士の交流は盛んでした。そこではもちろん、文化交流に伴う経済交流もあった。やがて宋が呉越を併合し、（金や遼があるため疑似的ではあったものの）統一国家が成立した。

いました。明は「秀吉を日本国王にしてやればおとなしくなるんじゃないか」と思っていただろうし、秀吉もまんざらではなかったらしい。ただ、他の講和条件が気に入らなかったためすぐに破談となりました。ですから、明から正式な冊封は受けていません。

さて、江戸幕府は当初から、明に代わって中国を統一した清《しん》にたいし、朝貢しないという方針をとりました。第4章でお話ししますが、国内の金銀の産出量の減少に伴い、三代将軍・家光はそれまでの政策を転換させ、貿易統制をかけます。足利義満をはじめとする室町時代の将軍がそうであったように、貿易の権限は幕府が独占できるわけですから、政府間の関係を結ばなくても特に問題はありません。こうした関係がずっと続きます。そして一八七一年、明治という新しい時代に入ってから、日本は清と日清修好条規という平和友好条約を結び、三〇〇年ぶりに正式な外交関係を持つようになります。

では江戸時代の日本人にとって、中国はどういう存在だったのでしょうか。次にその問題をお話ししましょう。

第4章　狭い窓口、深い関心——江戸時代

1　武家政権とその長の名称のこと

「将軍」とは何か

儒教の聖典である『論語』に「必ずや名を正さんか」という孔子の言葉があります。ものの名称がものの実体に合っていること、それが非常に大事である。私は常日頃、孔子のこの言葉を拳拳服膺《けんけんふくよう》、すなわち信奉実践しています。私が歴史上の用語にこだわるのは、この言葉を肝に銘じているからです。

「将軍」か、あるいは「公方《くぼう》・御所《ごしょ》」か。普通は将軍と言いますし、私もこの本でそう言ってきました。また教科書にも室町幕府の将軍、江戸幕府の将軍と書いてあります。彼らは一応、征夷大将軍という官職名を持っているので将軍には違いないんですが、室町時代や江戸時代の人たちは彼らのことをそう呼んでいません。手紙や公文書では公方

と書かれています。室町時代の将軍については、御所と書かれているものが多いですね。

それは、江戸時代を通じて次のような歴史認識がつくられていったことによります。日本では君主たる天皇が征夷大将軍を任命し、自分の代理として政治をやらせている。将軍はしょせん、天皇の家来にすぎません。そして明治時代に入り、次のような考えから教科書の用語が定まって現在に至っているのです。江戸時代に千代田城（いまの皇居）に住んでいたのは「公方」ではなく単なる将軍である。室町時代に「御所」という言葉が将軍の意味で使われていたけれども、これはもともと天皇を指す言葉であり、その家来にすぎない将軍をこう呼ぶのはとんでもない、と。

つまり、「将軍は天皇の家来に過ぎない」のです。しかし江戸時代に隠居した将軍のことを「大御所」と呼んだことはみなさんご存じでしょう。徳川家康が駿府城に退いてから大御所と呼ばれるようになります。八代吉宗《よしむね》や一一代家斉《いえなり》は引退してから江戸城西の丸に住んで大御所と呼ばれていました。やめた人が「大御所」なのは、やめていない現役の人の住まいおよびその当人が「御所」だからです。

また、五代綱吉《つなよし》が「犬公方」と呼ばれたことも知っていますよね？　息子が授かるようにと、彼が動物愛護の指令、なかでも自分の生まれ年（戌）である犬を特別に扱うよう命じた「生類憐みの令」に対する揶揄《やゆ》・批判としてのアダ名です。ここからも当時「公方」が使われていたことがわかります。

つまり、武家の棟梁として天下を治めている足利家や徳川家の当主は、御所であり公方でした。ところが、これらの名称は君主に使うべきもので、家来にはふさわしくないということで、将軍が一般化するようになったのです。足利義満も徳川家康も、天皇の家来にすぎないとみなされたからです。

こうして御所や公方は単に「将軍」と呼ばれるようになりました。「日本国王」だった足利義満は、自分が後世単に「室町幕府の将軍」と呼ばれていると知ったら、さぞや激怒することでしょう。しかし、日本の君主は常に、たとえ武家政権の時代であっても天皇であるという、後世からの歴史の歪曲がなされた結果なのです。義満や家康をあえて将軍と呼ぶことにより、「天皇はずっと君主として彼らからさえも尊敬されてきた」というイメージを刷り込んでしまったのです。

「幕府」とは何か

これと同じような例をもう一つ、今度は政治組織の名称です。

教科書に載っている武家政権の名称は、鎌倉幕府・室町幕府、江戸幕府ですよね。でも、徳川家康が一六〇三年に征夷大将軍に任じられた時、心の中で「よし、これでわしも幕府を持ったわい」と思ったわけではありません。また、当時の大名たち、たとえば伊達政宗が「江戸に幕府ができた」と考えたわけではありません。征夷大将軍への就任は、天皇が家康を正式に武家の棟梁と認めたことを意味するにすぎませんでした。家康はその三年前（一六〇〇年）の関ヶ原の戦いに勝って、実質的にはもう武家の棟梁だったからです。

これと関係するのが、「鎌倉幕府は何年にできたか」という話題です。私が教わった教科書では一一九二年となっていて「いい国作ろう、鎌倉幕府」と憶えさせられました。この年に後鳥羽《ごとば》天皇が頼朝を征夷大将軍に任命したからです。ところが、今では一一八五年に（弟の義経追討のために）守護・地頭の設置を後白河《ごしらかわ》法皇に認めさせた時が幕府の創設とされています。「いい箱作ろう、鎌倉幕府」です。つまり、幕府と征夷大将軍職とが必ず対応するわけではありません。

「幕府」というのは、中国で古くから使われた言葉です。中国には昔から将軍が数多くいました。ただし、徳川家康のような天下人のことではなくて、現在の日本語でこの言葉が意味する「軍事指揮官」という意味です。彼らは戦地でちゃんとした建物に前線本部を設けるとはかぎりません。時には野営して幕を張り、そのなかから指揮をしました。そこから転じて将軍が執務を行う場所を、たとえそれが立派な建物であろうと「幕府」と呼ぶようになります。

そうした将軍たちのなかには、自分が軍事指揮権を与えられている地方で、行政の権力も手に入れる者もいました。唐の玄宗《げんそう》皇帝に仕え、のちに反乱を起こした安禄山《あんろくざん》はその一例です。彼らが軍務とともに政務をみる場所も「幕府」でした。

日本にもこの用法が入ってきます。こうして、軍事指揮官（武家の棟梁）の政庁のことを気取って呼ぶのに「幕府」を使うようになるわけです。しかし、これは正式な呼称ではありません。徳川家康が「わしは今日から幕府をつくったぞ」と思ったわけでもありません。

では、江戸時代の人たちは、公方様の政府をなんと呼んだかというと、「御公儀《ごこうぎ》」です。時代劇でよく「公儀隠密」という言葉が出てきますが、これは将軍（じゃなかった、「公方様」ですよね）の密命を受けて情報収集に従事する人たちのことです。

要するに、武家政権のことを幕府、その長のことを将軍と呼ぶのは、中国由来の語彙を用いて天皇との君臣関係を明確にしようという意図によるものでした。それが歴史学の用語として定着し、現在にいたっているというわけです。ここで注意しておきたいのは、武家の棟梁を「将軍」と呼ぶことで、私たちは暗黙のうちに「日本の君主はずっと天皇だった」と認めてしまっているということです。

もうひとつついでにウンチクを。「幕府」と同じように中国由来の気取った呼び名に「柳営《りゅうえい》」があります。昔、中国のある将軍が柳の木にちなんだ地名（細柳）に本陣を置いたことによります。さらに、将軍のことを「大樹」ともいいました。いま「大樹」というと、ある私鉄会社が観光用に走らせているSLの名称ですが、昔はたとえば徳川綱吉が「大樹」だったのです。また、外交文書では「大君」という語を使いました。これは本章でもあとでふれます。

2　海禁の時代へ

勤勉革命

前置きが長くなりました。では、御所・公方が「将軍」と呼ばれ、公儀が「幕府」といわれるようになっていく時代、江戸時代についてみていきましょう。

第3章でお話ししたように、一六世紀の日本は巨大な中国経済に銀を輸出することにより富を得ていました。しかし、地下に埋まっている銀は、人間の努力で増やせるものではありません。一七世紀半ばには、日本は金銀をほとんど掘り尽くしてしまったため、産業形態を転換せざるをえなくなりました。ここでやっと地に足が着いたというか、地道な方法を取るようになります。

私は別に金銀を掘ることを悪いと言っているわけではありませんが、これらはわれわれの努力で増えるものではない。地下資源が枯渇すれば自ら産業を興し、農業や手工業を主体とした経済システムに移行せざるをえなくなる。経済学者の速水融《はやみあきら》さんはこのような状況を、英語の産業革命（Industrial Revolution）をもじって勤勉革命（Industrious

Revolution）と名づけています。日本人は一八世紀、江戸時代のなかば以降、地下資源だのみではなく、日々の努力によって富を産出するようになります。

つまり、日本人は有史以来ずっと勤勉だったわけではないのです。勤勉は江戸時代から顕著になった特徴、日本人が後天的に身につけた美徳です。日本人はこれ以降、日本列島という狭い国土の中でせっせと田畑を増やした。また、一定面積の水田からとれるコメの収穫量を増やすために品種改良・治水管理をした。さらには手作業をしてさまざまな工業製品をつくり、それを売買するという社会システムに変えていった。これが勤勉革命です。スペインやイギリスのように、海外に広大な植民地を必要とはしません。

貿易統制

日本で金銀がたくさん採れた頃、これを国内に貯蔵しておいても仕方ないので積極的に海外貿易をしていました。金があれば黄金の茶室をつくることはできますが、これは腹の足しにはなりません。ですから金銀を諸外国に売り、主に中国からいろんなものを輸入していました。

しかし南蛮貿易・朱印船貿易が活発だった時代を経て、日本では金銀が採れなくなってきます。これに伴い、一六三〇年代に三代将軍・徳川家光はそれまでの政策を転換する。貿易統制です。輸出入に依存する経済の仕組みを変えて、日本国内で経済を回そうとする。このとき家光は鎖国令という法令を出したわけではありません。家光に「あなた鎖国したでしょ」と言っても、彼は「俺はそんなことしてないよ」と答えるでしょう。そもそも鎖国という言葉自体、この時代には存在しなかった。家光が行ったのは鎖国ではなく、貿易統制なのです。

それまでの日本はほぼ自由貿易に近いかたちでやっていました。日本には金銀という資源があるから、一生懸命貿易しましょう。われわれはヨーロッパ諸国の商人たちが持ってくる商品を金銀で買いますよ。そういう貿易奨励の時代だったわけですが、やがて日本で金銀が採れなくなり、国内の需要を満たすことさえ危うくなってきます。このような状況に危機感を抱いた家光は政策を転換し、貿易統制という新たな方針を打ち出しました。これは長らく「鎖国」と言われていましたが、彼は別に国を閉ざしたわけではないため、最近では「海禁」という言葉に変更されてきています。

国家（明清政府、江戸幕府、それに朝鮮王朝）は今までのように貿易を奨励せず、これを管理・制限する。今で言うところの保護貿易ですね。東アジアにはこういった共通の歴史的状況があるため、江戸時代の日本の政策についても同時代の中国・朝鮮と同様に「海禁」という言葉で統一する。

文部科学省は小中学校の学習指導要領の改定案で「海禁」の使用を提案しましたが、批判を浴びたので「今まで通りに鎖国にしよう」ということになったそうです。世界史的な観点から日本史を捉えることからみれば、残念なことです。鎖国ではなく海禁にすれば、中国や朝鮮も同じような政策だったことが理解できるからです。

一六四四年、中国では――詳しくは次節で説明するように――王朝が交代して清《しん》になります。これは家光が将軍だった時期です。先にも述べたように、明と室町幕府は将軍が貢ぎ物を持っていき、皇帝から日本国王の称号を与えられるという朝貢《ちょうこう》・冊封《さっぽう》関係にありましたが、江戸幕府は清に朝貢していません。

清と江戸幕府は国交こそ結んでいませんでしたが、その代わりに互市《ごし》という関係を結んでいました。朝貢・海禁と同様に、これも中国史の用語です。お互いに市場《いちば》で物を売り買いするという意味です。今流に言えば、江戸幕府と清の関係は政経分離ですね。明は「朝貢なくして貿易なし」という政策をとりました。それと違って清は朝貢・冊封とは別に互市というカテゴリーを独自に設け、そういう付き合いをする国を認めていました。ですから長崎でいわゆる鎖国時代、海禁政策の時代にあっても、日本は中国と貿易していたのです。中国からたくさんの商人がやってきたことにより、長崎は中国風の文化都市になっていきます。

3 華夷変態

明の弱体化

江戸時代というのはいろんな意味で興味深く、この頃から中国との関係が徐々に変化していきます。それまで、日本にとって中国はあこがれの対象だった。豊臣秀吉が朝鮮を足がかりにして中国に攻め入ろうとしたのは、馬鹿にしていたからではなく、中国にあこがれを持っていたからです。「ああ、中国の王様になりたい」と。それは、中国史において古来何度も見られる北方異民族の侵入（古くは匈奴や鮮卑《せんぴ》、近くはモンゴルや満《まん》州族《しゅう》）のひとつでした。

秀吉は失敗しましたが、満州族の王だったヌルハチの孫、中国式には清の順治帝《じゅんち》と呼ばれる皇帝は、中国全土を支配することに成功しました。中国は東アジアの諸民族にとって常にあこがれの対象であり、各地の権力者たちはここを支配することを望んだわけです。ところが、日本では江戸時代になって徐々にそうした姿勢に変化が生じます。ただ、そのことを詳述する前に、まずは清がいかにして明にとって代わったのか、その経緯について触れておきましょう。

一六世紀半ば、明は北虜南倭《ほくりょなんわ》に苦しめられました。虜はモンゴル、倭は日本ですから北ではモンゴル、南では倭寇に苦しめられたのです。そして一五九〇年代には、秀吉の朝鮮出兵に伴う援軍派遣で財政が圧迫され、北側の警備が手薄となりました。さらに一七世紀になると、アイシン国＝後金を建てた満州族のヌルハチの勃興により国力を削がれます。このように明は、外国の諸勢力に痛めつけられていました。

そして、国内では経済格差が生じます。まず、地域間の経済格差が拡大しました。具体的に言うと東南沿海部の交易・手工業による好況、内陸部の環境破壊地域の不況ですね。中国の東南沿海部というのは今の浙江省・福建省・広東省のあたりです。この地域では古くから貿易が盛んで、日本との交易も浙江省を中心に行われました。この地域では手工業も起こり、豊かな経済状況になっていきます。その一方で内陸部は農村地域で、環境破壊がどんどん進んでいく。森林破壊とそれに伴う洪水、干ばつに人々は苦しめら

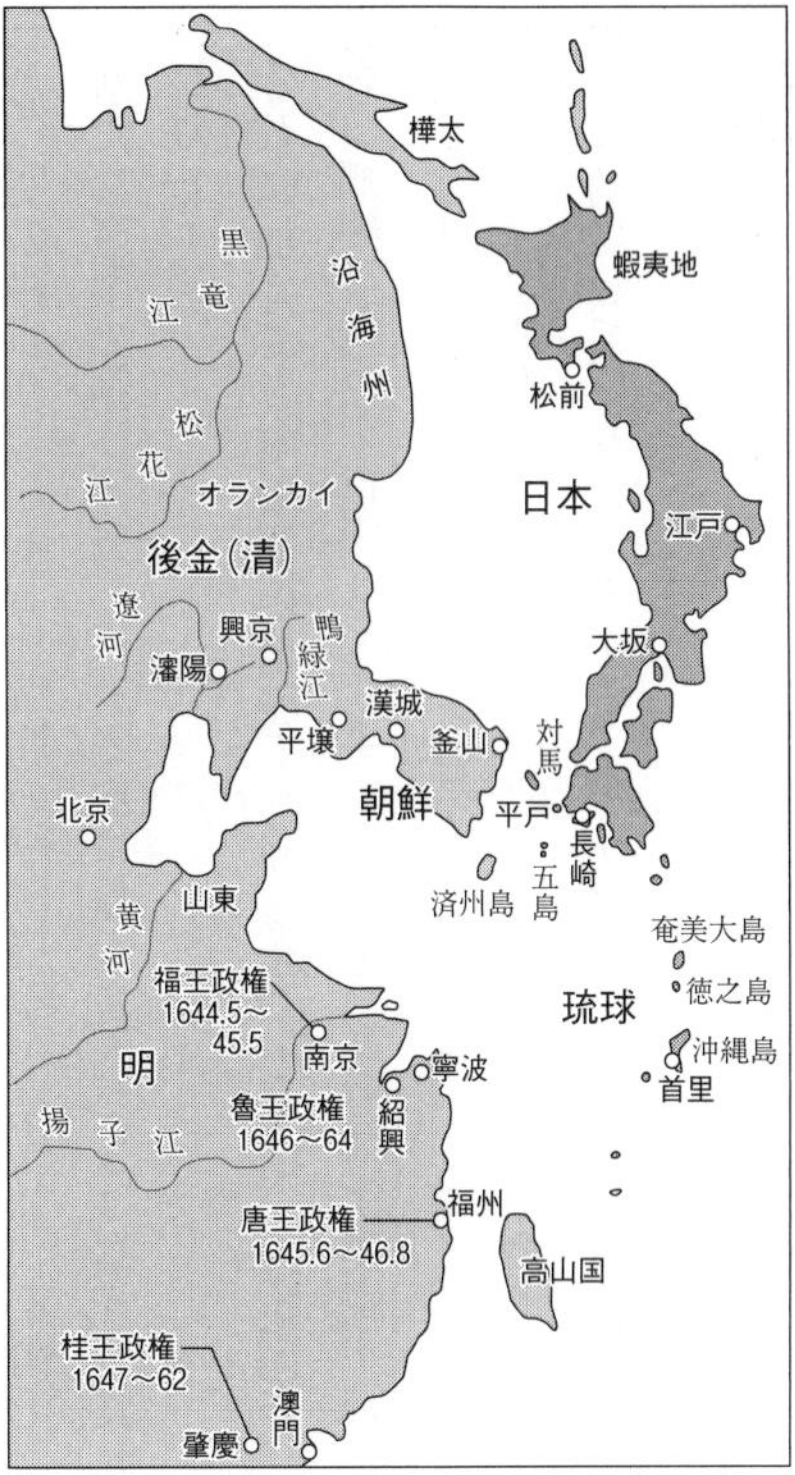

16〜17 世紀の東アジア

れた。明の終わりになると地域間の経済格差が拡大し、東南沿海部に暮らす人々が貿易や新たな産業で潤う一方で、内陸部に暮らす人たちは食うや食わずの生活を強いられていたのです。

それに加えて、階層間の格差もあります。この頃、郷里空間（在地社会）における有力者（郷紳）たちが台頭してきました。富める者はますます富むわけですが、その一方で庶民は生活苦にあえぐことになる。経済が発展してくると、こういうことはどこでも起こる。今の日本も、これと同様の問題を抱えていますよね。いい思いをしている人は現状に満足しているわけですが、そうでない人たちの不満は溜まる一方です。

明清交代

生活が苦しくなれば生きていけなくなるから立ち上がります。特に環境破壊が進んでいた陝西《せんせい》省で農民反乱が起こり、その一員にすぎなかった李自成《りじせい》という人物がやがてリーダーになります（李自成の乱）。彼を戴く軍隊は各地を荒らし回ったすえ、一六四四年に明の都・北京に攻め込みました。これにより北京は陥落し、時の皇帝（崇禎《すうてい》帝）が自殺して明は滅亡します。

じつはその一〇〇年ほど前、一五五五年一二月（西暦では一五五六年一月）に陝西省で非常に強い地震が起きました。華県《かけん》地震と呼ばれています。一九二三年の関東大震災では約一〇万人の方が命を落としましたが、その大部分は火災による死者です。史料の記録を信じれば、この華県地震では八三万人もの人が命を落としました。これは人類史上最悪の大地震で、陝西省には相当な後遺症が残っていたと思われます。

この地震との因果関係ははっきりしませんけれども、陝西省の貧民たちの軍事蜂起がもとになり、明は滅亡に追い込まれてしまう。北京は陥落し、李自成の軍隊に占領されていましたが、地方の軍隊は安泰でした。清の侵入に備え、国境には大規模な軍隊が配備されていた。国境の山海関（万里の長城の一部に当たる要塞）を守護していた将軍・呉《ご》三桂《さんけい》は北京が陥落し、皇帝が自殺したという知らせを聞き、それまで敵対していた清に助けを求めます。

彼は清に投降し、むしろ自ら清軍を先導して北京へ取って返す。このUターン攻撃によって李自成の軍隊はひとたまりもなく追い立てられ、李自成も翌年（一六四五年）には殺されてしまいます。こういう経緯で清軍が万里の長城を越えて中国本土に侵入したわけです。

しかし、南方ではその後も満州族の支配をよしとしない人たちが、地方に逃れた明の王族を皇帝としていくつかの政府・政権を立ち上げました（南明）。南明とは南の明という意味ですが、清軍はそれらを次々に撃破していく。万里の長城を越えてしまえば、軍事的な障害物はないので、あとは一気に行けるわけですね。清に投降した呉三桂は一六八一年、今度は清にたいして反乱を起こします（三藩の乱）。彼をはじめとする三人の漢人武将は、世襲特権を清に認められそうにないことから、「やはり満州族の言うことを聞くのは嫌だ」ということで反乱を起こしたのですが、清はこれも平定する。

また、南明政権に加担したひとりである鄭成功《ていせいこう》は大陸から逃れ、一六六二年に台湾を拠点とする政権を立ち上げます。鄭成功はその年に亡くなり、息子の鄭経《ていけい》が政権を引き継いでいました。一六八三年に清は鄭経の部下から寝返った将軍の海軍を使い、海を渡って台湾を占領して中国全土を統治するようになります。

ちなみに歴史的事実としては、中国の中央政府が台湾を直接統治するようになったのは、このときが始めてです。鄭成功が台湾に入る前はオランダ東インド会社が南島沿岸部に拠点を置いており、明の地方統治機構は存在しませんでした。史書や地理書には台湾のことが「小琉求」として掲載されています（当時の史書では「琉球」でなく「琉求」）けれど、それは琉球（沖縄）や日本と同じように海に浮かぶ島として記載しているだけで、明確に自分の領土と認識しているわけではありません。「台湾は古来、中国の不可分の領土」というのは史実ではなく、政治的な主張なのです。まあ、同じことは、日本にとっての沖縄についても言えるわけですが。

清の成立と日本

この明清交代には日本が一枚嚙んでいるのではないかという説もあります。秀吉の朝鮮出兵は、何十万もの軍隊を送りながら何の成果も上げることができず、すごすごと帰ってくるわけですから、日本側としては失敗です。もちろん日本も数多くの戦死者を出しましたが、戦争を仕掛けられた朝鮮の被害は日本よりはるかに甚大でした。

明はこのとき、朝鮮に援軍を派遣しています。朝鮮は明の朝貢国ですから、有事には守らなければなりません。いわば安全保障条約が存在したわけです。明は直接に秀吉の軍隊から攻撃を受けたわけではありませんが、朝貢国である朝鮮が攻撃されれば死活問題になりかねない。そこで朝鮮に一〇万規模の援軍を派遣します。これは明の財政に大きな負担を強いることになりました。一〇万の軍隊を特別に派遣するだけでも大変ですが、かといって北方国境の警備をおろそかにするわけにもいかないので、そちらはそちらで軍事費がかかります。明はこれにより財政的に苦しみます。そこに付け込んだのが北方民族のひとつである女真《じょしん》族でした。

彼らは後に、自分たちのことを満州《マンジュ》族と改称します。日本ではこれを「まんしゅう」と読みますね。先にも触れたように、一六一六年に首領ヌルハチがアイシン国というのを建国します。アイシン（愛新）というのは満州族の言葉で、漢字で書くと「金」を意味します。女真族は一一一五年に金という国をつくりましたが、これは一二三四年にモンゴル帝国によって滅ぼされました。系譜的にはこれにつながるということで、中国の歴史学でアイシン国は後金と言われます。

一六一六年といえば、徳川家康が亡くなった年ですね。一六一五年には大坂夏の陣で豊臣氏が滅亡し、徳川家の覇権が確立した。家康はそれに安心したのか、翌年、世を去ります。ヌルハチが登場してくるのは豊臣氏が滅亡し、江戸幕府が盤石の体制になるのとほぼ同時期です。つまり、清と江戸幕府は同時代性を持っている。どちらも軍事政権ですしね。

もう一度整理しましょう。明は後金と対立し、何度も戦争をしますが、秀吉の朝鮮出兵に伴う援軍の派遣で経済的・軍事的に弱っていたところにこうなったので、一六一九年のサルフの戦いで後金に敗れてしまいます。その後じわじわとパンチが効いてきたのか、最後はノックダウンされる。

一六四四年、李自成の乱という農民反乱によって明は滅亡し、そのどさくさに紛れて満州族が攻め込んできて中国全土を支配します。後金は一六三六年、国号を清に変更しています。ヌルハチの孫、第三代皇帝・世祖順治帝の時に明が滅び、清が中国全土を支配する。日本で言うとこれは三代将軍・家光の時期なのです。以後、清と江戸幕府は正式な外交関係は結びませんが、長崎を通じた貿易によって関係を継続し、それにともなって清の文化が日本に伝わりました。

「すみわける海」へ

明清交代について、江戸幕府は儒官の林鵞峰《はやしがほう》・林鳳岡《ほうこう》父子に『華夷変態《かいへんたい》』を編纂させます。これが完成するのは一七三二年になってからですが、原型は一七世紀にはできていました。ちなみに、林鵞峰の父親は有名な林羅山《らざん》です。

ここでの変態はいまの意味、いわゆるヘンタイではありません。変態の態は訓読みすると「わざ・すがた」ですので、すがたを変えるという意味です。華夷、つまり中華と夷狄がすがたを変え、中華（明）が野蛮人である満州族（夷）の清に変わってしまった。華夷変態という言葉は中国でその頃から使われていたようですが、日本では書名として定着し、広く使われました。

この本のもとになった史料は「唐船風説書」と総称される資料です。「唐船」となっていますが、実際には唐ではなく清です。豊臣秀吉の「唐入り」もそうであるように、日本では中国のことを時代を通じて唐（から・とう）と呼んでいました。「唐船風説書」は、長崎の幕府役人（おっと、「御公儀直参《じきさん》」でした！）が清の貿易商人たちから聞き取り調査を行って作成した文書、清の貿易商人から長崎の役人に宛てた手紙、オランダに関連する文書などで、彼らはそういった外国からの情報（インテリジェンス）を編纂しました。このように、江戸幕府は一七世紀の中国における大変動についての情報収集に努めていたわけです。

日本にとって、明から清への王朝交代は、それまでのもの、たとえば隋から唐になったというようなのとはどう違うと受け取られたのでしょうか。それは、清が満州族による征服王朝だったという点（華夷変態という性格）もさることながら、清が当初「遷界令」（遷海令とも表記）を布いたことです。これは台湾の鄭氏政権を海上封鎖する目的で一六六一年に出されたもので、山東省から広東省に至る沿岸部住民に、海から何十キロも離れて生活するように強制する政策でした。当時、日本はすでにいわゆる寛永の鎖国令を布いていました。

このようにして、一七世紀おわりには、日中両国はともに海に対して閉ざす体制になったわけです。私たちは、「ひらかれた海」（一三世紀後半～一四世紀前半）、「せめぎあう海」（一六世紀）と区別して、一八世紀に実現したこの状況を「すみわける海」と呼んでいます。

4　長崎と宇治の中国文化

薩摩・琉球・清

江戸幕府は貿易統制を行い、貿易できる場所を松前《まつまえ》・対馬《つしま》・薩摩《さつま》・長崎の四カ所に限定しました。松前は蝦夷地、すなわち今の北海道函館の近くにあり、アイヌの人たちと接して、間接的には大陸のシベリア方面とつながっていました。対馬は朝鮮と正式な外交関係によってつながっています。江戸幕府は清とは正式な国交を結んでいませんが、朝鮮とは使節の往来を行っていました。朝鮮国王と「御公儀の公方様」の間には外交関係があり、それを仲介していたのが対馬です。その際の公方の称号が「大君」でした。

また、江戸時代になると、島津氏の薩摩藩が琉球を実質的に支配するようになります。琉球は朝鮮王国と並ぶ独立国で、清と朝貢・冊封関係にありました。日本は互市、すなわち貿易だけですが、琉球や朝鮮は朝貢・冊封という政治的関係のもとで清と貿易できたのです。薩摩は琉球を実質的に支配していながら、名目上は独立国ということにしておきます。琉球に朝貢させて清からの下賜品をかすめ取っていました。暴力的に搾取《さくしゅ》していたわけです。琉球の犠牲のうえに薩摩藩の繁栄が成り立っていたともいえ、今日にいたる沖縄問題の根源があるような気がします。

琉球史の専門家は、清は琉球と薩摩の関係を知っていたと推測しています。琉球に清の使節団がやってくる時、薩摩藩の人たちは身を隠して彼らの目に付かないようにしていました。あるいは、日本人であることがわからないようにしていた。彼らはそういう偽装工作をしていたそうですが、清の使節団もさすがに気づきますよね。清は薩摩が琉球を実質的に支配していることを承知したうえで、見て見ぬふりで琉球を自分への朝貢国として認めていたようです。

一見、ずるいように思えますが、こうすることで互いの衝突を避けていたのです。こういうのを大人の付き合いと言うのでしょう。国際関係とは、そういうところに知恵を用いるべきなのかもしれません。互いに実態を暴いて本音を言い合えば、衝突して喧嘩になるに決まっている。私たちも見倣うべきところがあります。

琉球が薩摩藩の支配下にあるということが明らかになれば、朝貢国としての資格を失ってしまう。清としては琉球に朝貢してほしいので、そのことを知らないふりをした。江戸幕府・薩摩藩のほうは琉球が清と朝貢冊封関係にあることから利益を得るため、名目上は独立国ということにしておいた。だからずるいと言えばずるいのですが、平和的にやっていく方便ではあると思います。琉球はいろいろと搾取され、気の毒な面もありますが、彼らは彼らなりにその間にあって上手く立ち回っていたようです。

長崎と清・オランダ

そして長崎です。長崎は清・オランダと貿易していました。私が高校生だった頃はオランダとの交易について教わった記憶しかありませんが、実際にはそうではなく、清との交易のほうが主だったのです。一六八五年に定高貿易法《じょうだかぼうえきほう》というルールができ、貿易の上限年額は清とは銀六〇〇〇貫、オランダとは銀三〇〇〇貫と定められました。清はオランダの倍ですね。

その三〇年後、一七一五年に正徳新例《しょうとくしんれい》で清船の来航を年三〇隻に制限します。多い時は年に一〇〇隻近く来ていたそうです。ちなみに、オランダ船は年に二隻に制限されました。

船の数で比較すれば一五対一で中国のほうが圧倒的に多いわけで、オランダ人の数倍の中国人が来ていました。また商品の質が違い、オランダからは東アジアでは珍しい贅沢品を輸入していたのですが、清からは美術品や書籍（つまり唐物）のほかに日常生活品も輸入していました。

長崎四福寺

長崎には今でも、中国風の寺院が数多く残っています。興福寺《こうふくじ》・福済寺《ふくさいじ》・崇福寺《そうふくじ》・聖《しょう》福寺《ふくじ》は名前に「福」という漢字があるため「長崎四福寺」と呼ばれますが、これらはすべて黄檗宗《おうばくしゅう》のお寺です。

黄檗宗というのは禅宗の一派です。日本の禅宗には臨済宗《りんざいしゅう》・曹洞宗《そうとうしゅう》・黄檗宗がありますが、黄檗宗は臨済宗の系統を引いていると言われます。中国では臨済宗の一七世紀的な姿が黄檗宗だったとも言えましょう。日本の臨済宗・曹洞宗は鎌倉時代から室町時代にかけて入ってきました。宋風をもたらして五山文化を生み出したことは第2章でお話ししたとおりです。ですので、その後の中国の禅宗とは違う独自の発展をしてきました。これに対して、黄檗宗は明清交代の際に、隠元隆琦《いんげんりゅうき》らによって日本に伝えられます。もとは臨済宗の一派だったのですが、一三世紀と一七世紀とでは中国の禅宗の姿に変化があったわけです。

また、栄西《えいさい》・道元《どうげん》や円爾《えんに》はみな浙江省の禅寺で学びましたし、無学祖元《むがくそげん》も浙江省の寧《にん》波《ぽー》出身です。蘭渓道隆《らんけいどうりゅう》は四川《しせん》の生まれですが、彼も浙江省の寺に長くいてから日本に来ました。つまり、一三世紀に伝わった禅宗は浙江省のものです。これに対して、隠元は福建の寺（黄檗山万福寺）の僧侶でした。これが、日本での臨済宗・曹洞宗と、黄檗宗とが、寺の雰囲気などでかなり違って見える理由です。

長崎では福建・広東の船乗りや貿易商人たちが参拝する寺院として、さっきあげた四福寺が造られます。また、京都郊外の宇治には江戸幕府が土地を用意して寺が造営され、隠元が初代の住持となります。寺の名は、彼が福建で暮らしていたのと同じ、万福寺。

「山門を　出れば日本ぞ　茶摘《ちゃつみ》うた」

寛政二年（一七九〇年）に田上菊舎《たがみきくしゃ》という人が詠《よ》んだ俳句です。一歩寺の外に出ると一面に宇治の茶畑が広がっていて、「あ、自分は日本にいたんだ」と気づく。言外に寺の中が異国風だったことを表しています。

万福寺の天王殿には弥勒菩薩《みろくぼさつ》の仏像が祀《まつ》られていますが、日本人には、説明なしに見たらこれが弥勒さまとはわからないでしょう。私たちがふつうイメージする弥勒菩薩というのは、教科書の写真で有名な広隆寺《こうりゅうじ》の国宝半跏思惟像《こくほうはんかしいぞう》のような細身のほとけさまです。ところが、万福寺の弥勒は七福神のあの布袋《ほてい》さまのことで、でっぷりと太り、にっこり笑っています。広隆寺の弥勒像が造られたのは七世紀（作成地については新羅説と日本説があって決着がついていません）ですが、その後、中国では一〇世紀に寧波で活躍した布袋和尚が弥勒の化身（アバター）だとされ、明代ともなると同じ姿で描かれるようになっていました。日本では江戸時代でも（そして今でも）弥勒と布袋は別の存在ですが、万福寺では中国のこの新しい考え方にもとづいて、両者を同一視したのです。

こんなところにも、宋風文化を伝える臨済宗・曹洞宗と、明清時代の中国文化の直輸入だった黄檗宗との違いが垣間見えます。

ところで、さっきの菊舎の俳句、ひとつだけ突っ込みを入れたくなる箇所があります。

茶畑は日本的な景観といえるのでしょうか？

　喫茶が普及し茶樹の栽培が広がるのは五山文化によってです。その功労者は『喫茶養生記』を著して茶を健康飲料として推奨した栄西だとされていますが、円爾も茶の種を持ち帰り、故郷の駿河《するが》（静岡県中部）で育てました。温暖な気候に恵まれた静岡県が茶の名産地になったそもそもの元は円爾の功績です。宇治茶は、栄西から茶樹の種をもらった明恵という僧侶《そうりょ》（京都の高山寺の僧侶として有名です）が植えたのが最初とされています。一三世紀当時、茶畑は新来の宋風を象徴する光景だったはずです。ですから、もし菊舎が一三世紀の人ならばこう詠んだはずです。

「山門を　出ても異国ぞ　お茶畑」！

　茶を飲む事は、江戸時代の人にとってはあたりまえの日常生活に根づいていました。今では西洋伝来のコーヒーやジュースも日常的な飲み物になっています。それと同じように、元来は中国の飲料だった茶を育てる畑が、江戸時代には日本の光景とみなされるように定着していました。宋風文化が土着したのです。ところが、江戸時代には、それとはまた別の、より新しい中国文化が流入してきたのです。日本の歴史は、このようにたえず中国からの影響をこうむりつつ展開してきたのでした。

なお、宇治は煎茶の産地として有名ですが、それまでの抹茶（一般的な茶道でたてる飲み方）とは違う煎茶を広めたのも、万福寺の黄檗宗との関係があります。煎茶は中国で明代に広がった飲み方だからです。

5　漢文読み書きの普及

江戸時代には、遣唐使時代以来の中国文化移入とは違う性格がありました。それは中国文化の浸透度・広がり方です。それ以前においては、中国文化を受容したのはごく少数の文化的上流階層にかぎられていました。公家や僧侶、大名クラスの一部の武士などです。ところが、江戸時代には日本人の多くが中国の文化にあこがれを抱き、真似をするようになりました。

遣唐使の時代、日本列島で暮らしていながら漢字の読み書きができた人は一パーセントにもなりません。それではあこがれの持ちようもなかったでしょう。西暦八～九世紀頃、平安時代に、たとえばここ東京の地、すなわち坂東の武蔵の国で農業や漁業に従事していた人たちは、唐の都・長安で李白《りはく》や杜甫《とほ》、白居易《はくきょい》（楽天）らが詩をつくっていることなど知るよしもありませんでした。

いわゆるかな文学で、菅原孝標女《すがわらのたかすえのむすめ》の『更級日記《さらしなにっき》』という作品がありますね。これは、父親の任地であった上総《かずさ》の国（千葉県中部）から一家で都に出発する場面から始まります。一三歳の彼女は都に帰れる嬉しさ、都の文化へのあこがれを抱く一方、三年間すごした上総の国にはなんの愛着も示していません。彼女は上流階級ですから、上総時代にも家庭教育によって中国についての知識をある程度持っていたでしょう。でもそれは特別な人だけでした。彼女の父親は国司、いまでいえば県知事でしたから。

その後、識字層が増えていくにつれて、中国についての情報が文字を通じて入ってきます。禅寺に行けば、僧侶たちが中国の話をしてくれました。たとえば一五世紀には臨済宗の僧侶・一休宗純《いっきゅうそうじゅん》のような人がいます。他の禅僧たちとちがって、彼は都の庶民と親しく交際したといわれています。江戸時代ともなると、文字を読める人の数が増え、また、それに連動して出版文化が始まることで、中国の知識がかなり広い層にまで広がりました。

江戸時代になると、漢詩を趣味とする人が京都や江戸だけではなく、地方にもいるようになります。何十万人という規模でしょう。遣唐使の時代には、漢詩をつくれる人は数十人しかいなかったはずです。彼らは貴族か、貴族の家に生まれた僧侶でした。

ところが江戸時代には貴族・僧侶ではなく、武士や富裕な農民・商人が漢文を書き、漢詩を作るようになります。かれらにとってそれは趣味でした。一八世紀には気どって漢文書簡（尺牘《せきとく》）のやり取りをする人々まで出てきます。尺牘とは漢文で書かれた手紙のことです。和語の「手紙」や、漢語としてもふつうの「書簡」ではなく、わざわざ「尺牘」と呼んでいたのです。

とはいえ、いきなり漢文でちゃんとした尺牘を書けるわけがありません。この頃には、そのためのマニュアル本が出版されます。しかも数十種類も出ていたそうです。日本人同士がわざわざ漢文で手紙のやり取りをする。かなを使った和文で手紙を書くこともできました。江戸時代には候文《そうろうぶん》という、漢文を混ぜた文体が一般的な手紙の文体でした。それなのにきちんとした漢文で「尺牘」を書く。これは「俺たちはこんなに高級な趣味を持っているぞ」という自己満足でもありました。

なお、以上はすべて男性の話であり、女性の場合にはかなによる流麗な和文で書くのがお作法でした。

6　笑いの文化

『唐詩選』の流行

江戸時代、特に後半には、漢詩に関連するパロディー本が出ました。大田南畝《おおたなんぽ》というのは狂歌（政治や社会を風刺する詩）で有名な人です。彼は幕府御家人（役人）でありながら、非常に多彩な才能を持っていた。南畝はいろいろなペンネームを持っており、四方山人《よもさんじん》という名で『通詩選《つうしせん》』『通詩選笑知《つうしせんしょうち》』という本をつくっています。これらは一七世紀のはじめに、唐の代表的な詩を集めて中国で編纂された『唐詩選』のパロディーです。

『唐詩選』は、その成立年代からいっても当然ですが、江戸時代になってから日本に伝わりました。では、五山文化の時代はどうだったでしょうか。その時代の僧侶たちの間では、以前お話ししたように（一一〇ページ）、『三体詩』という、一三世紀に編纂された別の中国の詩集が流行っていました。江戸時代の半ば以降、『唐詩選』がこれに取って代わります。

そこには、漢詩への嗜好《しこう》の変化が反映しているといわれています。すなわち、平安時代には白居易や『文選』に載る詩が愛好されました。五山文化では『三体詩』に載る、唐の後半や宋代の詩が好まれます。そして、『唐詩選』は両者の中間、唐の前半の詩人たち、今でも漢文教科書でおなじみの李白・杜甫・王維《おうい》らの詩がたくさん載っています。この嗜好の変化も、それぞれの時期の中国での嗜好の変化を受けています。

古文辞といって、「文は秦漢、詩は盛唐」という標語が、明の時代に作られました。提唱者は李攀竜《りはんりよう》という人で、彼は『唐詩選』の編纂者ともいわれています。散文は秦漢時代のいわゆる「古文」、韻文は唐の最盛期（玄宗皇帝の時代）が最高峰の質なので、それを真似ようという文学運動です。つまり、文学面でもさっきの黄檗宗伝来同様、宋風に続く新しい波がやってきたのでした。

「鹿柴」と「筑斎」――パロディーの文化

日本で古文辞学を導入し、『唐詩選』を広めるのに貢献したのは、荻生徂徠《おぎゅうそらい》とその門流でした。大田南畝はその流れに属す人です。すでに世間的に『唐詩選』が流行っていましたし、彼自身、その作風を継承する立場にあったわけです。彼の『通詩選』の中にはいろいろな詩がありますが、ここでは、漢文の教科書に掲載されている有名な詩が元ネタになっているものをご紹介します。王維の「鹿柴《ろくさい》」という五言絶句です。

空山人不見（くうざん　ひとをみず）
但聞人語響（ただ　じんごのひびくをきくのみ）
返景入深林（へんけい　しんりんにいり）
復照青苔上（また　せいたいのうえをてらす）

ひとけのない山なのに遠くで誰かの話し声がする。夕日が深い森に差し込み、地面にはえた苔を明るく照らす。……王維の別荘の実景を詠んだとされる有名な詩です。大田南畝はこれを踏まえて「筑斎《ちくさい》」という詩をつくりました。

九散人不呑（きゅうさん　ひとのまず）
但聞薬研響（ただ　やげんのひびくをきくのみ）
晩景歩慶庵（ばんけい　けいあんにあゆみ）
復責薬代上（また　やくだいのうえをもとむ）

こういうパロディー作品を解説するほど野暮なことはありませんが、少し補足しておきましょう。

まず題名の「筑斎」というのは医者によくある名前です。「ちくさい」は「ろくさい」と音が似ているだけでなく、ひらがなの「ち」と「ろ」とは形も似ていますよね。出だし、王維の詩の「空山」をもじって「九散」とし、薬なので「不見」ではなく「不呑」にしています。九散というのは薬の名前、薬研というのは薬草を粉にするために研《と》ぐ器械です。「慶庵」というのは、これは南畝自身が注を付けているのですが、口入れ業者

（派遣業者）のことです。何人か登録しておき、臨時アルバイトが必要になるとそこに人を手配する。慶庵という医者がこのようなシステムを始めたため、そう呼ばれているとのことです。「責」は訓読みすると「もとむ」になります。ツケにしていた薬代を請求する、という意味でしょうか。

まあ、音のパロディーを楽しむための作品ですから、意味内容を細かく検討するのは、さらに野暮というものでしょう。

『通詩選』にはパロディーの元ネタは掲載されていません。「筑斎」の場合も、その元ネタが「鹿柴」だとは明言されていません。しかし、彼が想定していた読者たちは『唐詩選』をすでに読んでおり、有名な詩については暗記しているくらいの人たちなので、「これはあの詩のパロディーだな」と思い、笑いながら読むことができました。

この詩の場合は元ネタが有名だからわかりやすいのですが、『通詩選』の中には私にはわからないものがあります。でも、パロディーというのは、何が元になっているのかわからなければ意味がありませんよね。たぶん、それらの詩については読者同士で「『通詩選』のあの詩の元歌がわからないんだけど、何だと思う?」「あの詩だよ」「ああ、なるほどね」というやり取りがあったのではないでしょうか。あるいは「元歌はAという詩、Bという詩のどちらなのか」と議論して盛り上がったのではないか。

江戸時代にはそういう趣味・遊びが流行るぐらい、漢詩が一般の社会の中に広まっていた。もちろん、かな文学もパロディーになりました。たとえば『伊勢物語』のパロディーで『仁勢物語』というのがあります。

落語と中国

笑いは江戸時代の文化の大きな特徴です。落語を例にしてみましょう。

古典落語の元話は、中国の笑い話である場合が多いです。落語は日本で独自に発展したものではなく、中国から入ってきた話を日本風にアレンジしたものなのです。たとえば「長短」という演目が時々高座にかかります。短気な男と気長な男との対話が続くという内容です。短気な男は気長な男のタバコの吸い方（昔なので、キセルです）にいらつき、自分のてきぱきとした吸い方を見せつけます。すると、気の長いほうが怒りっぽい短気なほうにむかってこう言います。気長な男ですので、口調もきわめてゆっくりです。

「お前さんに知らせたいことがあるんだが、怒られるといやだからなあ。」

短気な男の口調は対照的に早口です。

「なんだよ、早く言えよ。」

「じゃあ、怒らないと約束してくれよ。」

「ああ、約束するよ。」

「それじゃあ、言うけどね。さっき、お前さんが吸ったタバコの火がね、お前さんの着物の袂に、はいっちまったんだ。どうなるのかなあ、と思って見ていたらね、そのうち袖から煙が立ってきたんだよ。ことによったら、消したほうがいいんじゃねえかなあと思うんだけどねえ……。」

話のオチは想像がつきますか？

「早く教えろ、バカ野郎！」

「ほおら、やっぱり怒った。あああ、言わなきゃよかった。」

おあとがよろしいようで。

この話のもとになったネタは、一七世紀前半、明の終わり頃の小説家・馮夢竜《ふうぼうりゅう》という人が短い笑い話を集めた『笑府』に載っています。この本に収められている笑い話は馮夢竜が考えついたわけではなく、当時すでにあった笑い話を集めたものです。その中に「性緩《せいかん》」という話があります。「性緩」とは気が長いという意味です。この『笑府』が江戸時代に日本にもたらされ、寄席で洗練されて落語「長短」になったと言われてきました。

「性緩」という小噺《こばなし》自体は一三世紀中頃、宋の終わり頃につくられた『古今事文類聚《ここんじぶんるいじゅう》』にすでに載っています。これはいろいろな話・物事が記録されている百科事典のようなものです。馮夢竜はここから直接採ったのか、それともあいだに別の本があったのかわかりませんが、少なくとも一三世紀中頃には「性緩」という小噺が存在していたことはたしかです。

ところが、じつはこの話は一四世紀にすでに日本に伝えられていたらしいのです。中巌円月《ちゅうがんえんげつ》という五山僧がいます。彼は中国に七年間留学し、帰国した後に漢文で短いエッセーをたくさん書いています。それを集めた『東海一漚集《とうかいいちおうしゅう》』に、この「性緩」と同じ内容のものが載っているのです。オチも「性緩」や落語「長短」と同じです。

円月はこの小噺を知っていて、エッセーに書いている。おそらく彼が留学中に向こうで聞いた話を「中国にこういう笑い話があるんだよ」ということで、友人たちの前で実演したりもしたのではないでしょうか。それが一度途絶えた後、江戸時代に馮夢竜の『笑府』が入ってきて落語の「長短」になったのか。あるいは五山僧たちの間でこの笑い話が伝えられつづけ、それがやがて落語の演目になったのか。はっきりしたことはわかりませんが、落語のような笑いの文化まで中国伝来というのは驚きです。

7　中国観の変化

新井白石の「日本国王」論

日本列島の人たちは中国に親近感を持っていたからこそ、さまざまな文化を積極的に取り入れました。ところが、江戸時代を通じてそのような状況が徐々に変化していきます。

新井白石《あらいはくせき》は徳川家宣《いえのぶ》のもとで幕政を主導した朱子学者です。彼は一七一五年に海船互市新例（正徳新例）を出して対清貿易を制限しました。これは先ほど紹介したお触れです。当時は対オランダ貿易よりも対清貿易のほうが多かった。白石は国境を厳重に管理し、海禁政策を徹底させようとしました。日本と清、さらにはその朝貢国である朝鮮を国家としてきちんと区別しよう。彼にはそういう発想があります。

朝鮮国王と日本の大君（公方、将軍のことです）は正式な外交関係を結び、手紙（これは尺牘とは呼びませんけれど、候文ではなく漢文です）のやり取りをしていました。今でいえば首相の親書です。白石が仕えた公方は徳川家宣ですが、彼はその手紙で「日本国王」と自称しています。手紙を書くのは家宣本人ではなく、白石の役目でした。そのなかで白石は家宣の肩書として「日本国王」と表記しました。このことは日本国内で物議を醸《かも》します。なぜなら、それまではこういう書き方をしていなかったからです。

新井白石はこの時なぜ、わざわざ「日本国王」と自称させたのか。これには複雑な論理が絡んでいます。「日本国王」という肩書については、本書でもしばしば話題にしてきました。足利義満は明と貿易をするために朝貢使節を送り、冊封されて日本国王になった。家宣の肩書はこれと同じですが、中国（当時は清）から冊封されたわけではありません。そもそも白石が意図したところは、義満の場合とは違います。白石はこれについて、以下のようなことを『折《おり》たく柴《しば》の記《き》』に書き残しています。

清の皇帝と日本の天皇は同格で、両国はその意味で対等である。朝鮮国王は清の皇帝と朝貢・冊封関係にあり、清の皇帝の臣下である。徳川家宣は天皇の臣下として日本を統治している。つまり「日本国王」である。いずれも臣下であるから、日本国王と朝鮮国王は同格である。あちらが朝鮮国王を名乗っているのだから、日本の公方も手紙で「日本国王」と名乗ってもいいではないか。

大君――天皇／中国イメージの変化

以上が白石の論理ですが、これはずいぶんねじれた論理ですよね。日本の天皇は江戸の公方を「日本国王」とはしておらず、肩書はあくまで征夷大将軍です。また、彼らはそれと同時に内大臣・太政大臣などといった官位を持っています。家康は内大臣、秀忠は太政大臣に任命されました。彼らは大臣兼征夷大将軍ですが、「日本国王」にはなっていません。そのため家宣は勝手に日本国王を名乗ったということになり、人々の間で物議を醸したのです。

江戸時代の初期、「日本国王」という表記が用いられたことがありましたが、その時は「足利家の公方殿たちは明の皇帝に朝貢し、正式に日本国王にしてもらっていたのだから、徳川家の公方も日本国王でいいじゃないか」という感覚だったと思われます。白石は一応それを前例として挙げていますが、いま説明したように、その論理はまったく違います。清の皇帝ではなく日本の天皇の臣下として、公方は「日本国王」である。よって、日本と清はまったく別の国である。朝鮮は清と朝貢・冊封関係にあるが、日本はこれらの国とは別のところにいる。そういう論理構成です。

この称号「日本国王」は物議を醸したため、白石が失脚した後、公方は以前同様「日本国大君《たいくん》」と称するようになりました。

ちなみに幕末期、特にペリー来航以降、大君（Tycoon）は日本国を代表する君主の称号とされました。Tycoonという英単語は、今でも実力者・大物を意味する言葉として、ツァーリ（Tsar ロシア皇帝のこと）と並んで使われています。ペリーやハリス（初代駐日公使）は「大君 Tycoon」こそが日本の君主・王様だと思っていました。彼らは京都にいるミカド（Mikado）のことも知ってはいましたが、条約を結ぶ相手は「大君」でよいと考えていたのです。

しかし、新井白石は、大君こと徳川家宣は天皇の臣下であると解釈していました。これは朱子学的な名分論によります。そして、白石が日本国内の天皇と公方の関係を清の皇帝と朝鮮国王の関係になぞらえていたことは、日本国内での天皇イメージや一八世紀の対中イメージがそれまでとは変化しつつあったことを象徴しているのです。

朱舜水への質問

明清交代期、一六六〇年ころに、朱舜水《しゅしゅんすい》という儒学者が日本に亡命してきます。彼は満州族の支配下に甘んじることをよしとせず、晩年を日本で過ごしました。朱舜水はいろんな人との筆談を残しており、林鳳岡とも筆談を交わしています。

鳳岡は彼に、次のような質問をしています。わが国で二〇〇年前にあなたの国に行き、杭州の西湖の景色、そこにある白堤（知事だった白居易が造らせた堤）や蘇堤（同じく知事だった蘇軾が造らせた堤）に感激して漢詩をつくった人がいるのですが、その景観は今でも残っているのでしょうか、と。

彼らが筆談した一七世紀の終わり頃から二〇〇年前といえば、遣明使の時代、ちょうど画僧雪舟《せっしゅう》が応仁の乱のさなかに明に渡った時期（一四六七〜一四六九年）にあたります。その時に同行した五山僧のひとりが作った詩が日本の人々の間で有名になったが、漢詩に描かれた場所は今どうなっているのか。「今、私たちは誰ひとりとして中国へ行けない。この先生は中国からいらしているので、聞いてみよう」。鳳岡の意図はそういうことだったのでしょう。

前に、鎖国という言葉は閉ざすというイメージがあってよくないので、今後は海禁にするという話をしましたが、日本人の海外渡航が禁じられていたのは厳然たる事実です。たとい御用学者の林鳳岡といえども清国に行くことができない。このことは江戸時代の人々の中国イメージを徐々に変化させていきます。

「支那」の登場

こうして、支那《しな》という用語が登場します。サンスクリット語で中国のことをチーナ

（Cina）と言います。サンスクリット語は仏教経典を最初に記した言語のひとつで、もちろんチーナも梵字《ぼんじ》（サンスクリット文字）で चीन と表記されているわけですが、中国に仏教が伝わってきて経典を翻訳する時、これに「支那」という漢字を当てました。これは「震旦《しんたん》」とも書きます。平安時代の有名な説話集『今昔物語集《こんじゃくものがたりしゅう》』は、こちらの表記を用いています。『今昔物語集』はインドのことを扱った「天竺」、中国のことを扱った「震旦」、日本のことを扱った「本朝」の三部構成になっています。「支那」の方も平安時代から仏教文献では使われていました。これに対して儒教系では「中華」「中国」になります。

チーナの語源は始皇帝の秦という説が有力ですが、これは四世紀の方の秦ではないかという説もあります。四世紀に秦という国があり、これは統一王朝ではないものの地方政権としてかなり有力でした。ふたつの時期に分かれるので歴史学の上ではこれを前秦（三五一～三九四年）・後秦（三八四～四一七年）と言いますが、国号はあくまで秦です。長安を治めてシルクロードにつながっていたので、この名称がインドに広まり、これがサンスクリット語で表記され、中国に逆輸入されたのではないか。そういう説もあります。

また、あるいは秦（Qin）ではなく晋（Jin）ではないか、同じ四世紀でも南方の王朝で海路でインドとつながっていたから、という説もあります。いずれにせよ、実際の王朝名が「支那」の語源であることは間違いなさそうです。

日本で江戸時代に支那という言葉が広まった理由のひとつは、当時の王朝が清であったことも関係していると思います。清は当時も今も日本語で（「せい」というふつうの音読みではなく）「しん」と呼びますよね。今の中国語ではチン（Qing）です。末尾にgの音がはいるだけで、これを欠く日本語の発音では「しん」は秦や晋と同音になります。私たち研究者は口頭で呼び分けるときには、「はたしん（秦）」「すすむしん（晋）」「きよいしん（清）」と言っています。

「しん」を「支那」と表記するのは、江戸時代の人には適切なことと思えたのでしょう。「震旦」が使われなくなっていくのも、これとうらおもての関係ではないでしょうか。「唐《から》」も使い続けられていましたが、しだいに支那が勢いを増します。蘭学でオランダ語（China チナ）を知ったことも関係あるでしょうか。

今の日本では支那という言葉を使ってはいけないことになっています。でも、支那はもともと中国の人たち自身がサンスクリット語の仏典を翻訳する際に用いた言葉でした。宋王朝の歴史書である『宋史』の「外国伝」には「宋の太宗はインドで自分の国が支那と呼ばれていることを知り、喜んだ」という記録があります。

これは『隋書』「東夷伝」にある隋の煬帝の話とはずいぶん違いますね。多利思比孤《たりしひこ》が「日出ずるところの天子、書を日没するところの天子に致す」という手紙を送ると、隋の皇帝は怒って「この手紙は無礼である。今後こういう手紙を持ってきたら、私には取り次がないように」と言いました。ところが宋の太宗は「わしの国が、支那などという名前で呼ばれるのはけしからん」と怒るどころか、自分の国がそう呼ばれていることを知って喜んだ。ですからもともと、「支那」に差別用語の意味合いはありません。これを差別用語にしてしまったのは、日本人なのです。

中国の相対化――経済的自立

江戸時代に、それまではあこがれの対象であった中華・中国を相対化するという意味合いで仏教系の支那という言葉が広く使われるようになりました。もちろん、一部の知識人は仏典の翻訳を通じてこの言葉を知っていましたが、この頃から徐々に一般の人たちの間でも使われるようになったのです。かの国に住む人、文化、食べ物の好み、着物はわれわれ日本とことごとく違う。まさしくさっきの菊舎の句、「山門を　出れば日本ぞ　茶摘うた」の感覚です。日本との違いを強調するような文脈で、支那という言葉がさかんに使われました。中華・中国はあこがれの対象ですが、支那はあこがれというよりも異文化への興味という語感がこめられているように思います。

これには、日本人が自信を持つようになったということも関係しています。日本では国内産業が発展し、人々に経済力が付いてくる。これによって文化的な自信、現代の言葉でいえばナショナリズムがめばえてきます。

日本は経済的に自立しはじめ、今までのように中国に依存している状態ではなくなりました。新田開発により、日本の耕地面積は著しく拡大します。江戸時代の初期、沖縄を除く日本列島のコメの取れ高は一八〇〇万石でしたが、その後二〇〇年ほどの間に三〇〇〇万石まで増加しました。これは、各地で新田開発が行われたからです。

一六世紀には中国でも新田開発が盛んに行われました。長江や珠江（広東省を流れる川）の湿潤な下流域は江南デルタ・広東デルタと呼ばれています。それまでの治水技術・土木技術では低湿地を耕作地に変えることは難しかったのですが、技術開発によってそれが可能となりました。生産力拡大のために新たな耕作地を増やせば、その地域の人たちは豊かになります。一六世紀から一七世紀にかけて、中国でそういった開発が進みます。

日本でも一六〜一八世紀に濃尾《のうび》平野や関東平野の治水が進み、新田が数多くつくられました。これらも下流域のデルタ地帯ですので、もしかしたら中国からの技術移転があったことが考えられます。石見銀山における銀の精錬技術が朝鮮から伝わってきたという話をしましたが、そのことから類推して、治水技術にかんしても中国からの技術移転があった可能性が高いでしょう。むしろそう想定するほうが自然だと思いますが、学界ではあまりそう言われていないように感じます。私はこういう方面に疎いので、今後、農業技術に関心を持つ歴史学者がそういう研究をしてくださることに期待します。

これに、前に話した「勤勉革命」が重なって、江戸時代の生産力は飛躍的に増大します。そうすると、商品流通もさかんになり、国内市場が発達します。

戦国時代には中国や「南蛮」との交易で金銀を輸出することによって、権力者が富を蓄積し、彼らが行う戦争や土木事業（築城や寺社建立）でその富が民間に放出されて国が潤っていました。つまり、貿易があってこその経済発展だったわけです。

しかし、江戸時代にはコメもそうなったように、農産物が商業取引の対象となり、逆に都市で作られた工業製品が農村に流れます。文化産業、たとえば出版や演劇、それに漢詩・和歌・俳句などの文芸趣味も、商品としての機能を果たして国内で流通します。こうして、必ずしも貿易に頼らないかたちでカネがまわる社会ができあがりました。

国学と中国

「日本は日本、支那は支那」という感覚が広がるのはこうした背景があったからでしょう。一八世紀後半に本居宣長《もとおりのりなが》らによって国学が勃興するのも、そのためだったと思われます。

宣長の『石上私淑言《いそのかみのささめごと》』に次のような一節があります。

まれまれにもかの『万葉集』の三の巻に「酒を讃めたる歌」の類よ、詩には常のことにて、かかる類のみ多かれど、歌にはいと心づきなく憎くさへ思はれて、さらになつかしからず（＝全く心ひかれない）。何の見所も無しかし、これ、欲はきたなき思ひにて、あはれならざるゆゑなり。しかるを人の国には、あはれなる情をば恥ぢ隠して、きたなき欲をもいみじきものにいひ合へるはいかなることぞや。

情とはここでは「物のあはれ」のことで、歌（和歌）の主題に恋が多く、詩（漢詩）には少ない理由を解説しています。宣長によれば、歌と詩の性格の違いは、情《なさけ》に重きを置くか、それとも欲を題材とするかにあり、彼はそれを日本と「人の国」との国民性の相違に結び付けています。「人の国」とは、中国を指します。たしかに、漢詩には酒を題材にした作品がたくさんありますが、恋を歌ったものは少ないです。

実は、この箇所は二〇一八年一月の大学入試センター試験の国語に第三問として出題されていたものの一部分です。その問6は歌や詩が物のあはれとどのように関わっているかを五つの選択肢から選ばせるものでした。大きく外れる三つを除外し、まぎらわしく、かつ思想的にも重要な二つに絞って並べてみましょう。さあ、どちらが宣長の見解でしょうか。

A　歌は「物のあはれ」を動機として詠まれ、詩は「欲」を動機として詠まれる。しかし、何を「あはれ」の対象とし、何を「欲」の対象とするかは国によって異なるので、歌と詩が同じ対象を詠むこともあり得る。

B　「情」は生きている物すべてが有するものだが、とりわけ人は「物のあはれ」を知る存在である。歌は「物のあはれ」から生まれるものであって、「欲」を重視する詩とは大きな隔たりがある。

どちらも「日本は日本、中国は中国」の主張ですね。ただし、Aが国柄の違いを超える普遍的な価値の存在を述べているのに対して、Bは「物のあはれ」は人間にとって普遍的に重要であるという理由で詩よりも歌が優越すると言っています。宣長は後者の観点から歌を尊重しました。それは日本風の心情（やまとごころ）が中国風のもの（からごころ）よりも人間の本性に根ざしているという、宣長の持論につながります。かつての中国文明へのあこがれは、彼においては逆転して「中国化していない原初の日本人の心」を大事にしようという主張になっています。

中国観のこうした変化を後押ししたのは、やはり誰も実際の中国に行ったことがないということでしょう。中国は書物のなかでだけ接する異国でした。読書する人たちはみな漢詩を通じて唐や宋の士大夫文化を知り、『史記』などの史書で春秋戦国時代の諸事件を、『三国志演義』によって劉備や孔明の活躍を知っていましたが、現実の中国人がどんな人たちなのかは、長崎の住人以外、知るすべを持ちませんでした。関心は深かったものの、その窓口は狭く、ある特定部分に偏っていったのです。

本居宣長もまた、漢文に通じ、仏教・儒教を勉強したうえで、さっき紹介したような中国観をもつに至っています。彼らが対象にしたのは書物のなかの中国、理想化された、もしくは（宣長ら国学者のように）反理想化された虚像としての中国でした。

アヘン戦争

一八三九年、イギリス議会下院は賛成二七一票、反対二六二票という僅差で、政府提案の清への宣戦布告を可決承認します。アヘン戦争の始まりです。翌年、四〇隻あまりの船団からなるイギリス海軍が中国を襲い、いろいろあった末に、一八四三年、清は五つの港の開放とイギリスの治外法権を認め、そこでの関税自主権を放棄し、香港島を割譲するなどの、敗戦条約としての不平等条約を結ばされます。

この情報は長崎来航のオランダや清の商人を経由して江戸にもたらされます。昌平坂学問所（朱子学を教える高等教育機関）の教官・斎藤竹堂《さいとうちくどう》は『鴉片始末《アヘン》』を著してこの戦争の顚末《てんまつ》をまとめました。西洋列強が東アジアに進出しつつあることは、こうして一部の有識者にとっては切実な危機として認識されていたのです。その一〇年後にペリーが日本にやってきたときも、幕府は事前にその情報をつかんでいました。

二次にわたるアヘン戦争（第二次は一八五六〜一八六〇年で、きっかけとなった船の名からアロー戦争とも呼ばれます）での清の敗戦、および太平天国《たいへいてんごく》という宗教結社がもとになった清のなかの反政府運動の発生は、あこがれの国中国のイメージを大きく損なうことになりました。いいかえれば、その中国をすら簡単に打ち破るイギリスやフランスの恐ろしさを感じさせたということです。本書の性格上、西洋諸国との関係、いわゆる開国から尊王攘夷運動、そして倒幕へという政治史の流れは割愛します（私の別の本、『父が子に語る近現代史』や『志士から英霊へ』を読んでください）。

尊王攘夷

ただ、ひとつ、ことばの問題を述べておきます。「尊王攘夷」です。

このことばは儒教の教義に出てくる用語で、元来は「中華の王を盛り立てて、異民族を追い払う」という意味です。この場合の「王」は、第3章で述べたように「天子」、つまりのちの皇帝の意味です。「夷」というのも、匈奴などの、中国の周囲で生活し、独自の国家組織をもつ集団のことでした。ほかならぬ日本も、卑弥呼の話が載っている魏志倭人伝が正式には『三国志』の魏書東夷伝倭人条であるように、中国からは「夷」として扱われていたのです。

江戸時代、本章で紹介したように中国の書物が広く読まれるようになると、尊王攘夷ということばも知られるようになりました。さて、では日本における「王」とは誰でしょうか？　江戸にいる公方？　いやいや、京都にはもうひとり、ずっと昔に日本を治めていた方のご子孫が、いまもひっそりと暮らしておられるらしいぞ。

こうして、天皇の存在が意識されます。そして、江戸の公方はもともとその臣下であるはずだということになり、「将軍」と呼ばれるようになるのです。そして、公儀も単なる「幕府」（将軍の陣営）になりました。この尊王の意識を学術的な次元だけでなく、政治的な時事問題に仕立てたのが、西洋諸国でした。彼らが日本近海に出没して国交関係の樹立を迫ったからです。彼らへの反感と恐怖（キリスト教への感情）が、「攘夷」ということばにつながりました。西洋人が「夷」になったのです。

尊王攘夷を実現するために、それをさまたげている「幕府」を倒さなければならない。そう考えた人たちが倒幕運動を起こし、そして成功しました。明治維新です。儒教のことばだった「尊王攘夷」が知られていなかったとしたら、幕末の政治史はだいぶ違うものになったことでしょう。

高杉晋作の中国体験

最後に、幕末期に活躍した尊王倒幕の活動家の体験を紹介します。その人物とは高杉《たかすぎ》晋作《しんさく》です。彼は長州藩の上級武士の家に生まれ、吉田松陰《よしだしょういん》の弟子となります。松陰が安政の大獄で刑死したあと、一八六二年に藩内で選ばれて清を視察します。上海で彼が目にした光景は、あこがれの国中国とは全く異なるものでした。その地の中国人たちは西洋人にこきつかわれていましたし、また、上海近郊にまで勢力を拡げていた太平天国の伝統文化破壊のさまは、強く印象に残ったようです。

「日本を清のようにしてはならない」。これが帰国後の彼の行動、攘夷の決行や、藩内の奪権、そのための奇兵隊《きへいたい》の創設へとつながっていきます。奇兵隊は、鎌倉武士以来の軍団の理念から脱して、武士も農民も一律に組織し、西洋式の軍備と軍事訓練を通じて統率のとれた集団行動をとれる軍隊でした。彼にとってアヘン戦争という攘夷運動に失敗した清は、反面教師となったのです。

ライバルとしての清

その後、幕府の側に立つ徳川慶喜とその支持者たちも、倒幕を掲げる薩摩藩・長州藩も、日本を清のようにしないために西洋諸国の軍事組織や政治制度を導入することをめざします。両者は戊辰戦争《ぼしんせんそう》（一八六八〜一八六九年）を戦った末に、倒幕側の勝利となり、明治という新時代が始まるわけです。

同じ頃、清ではやはり富国強兵をめざして洋務《ようむ》運動《うんどう》と呼ばれる改革が進んでいました。アヘン戦争や太平天国の教訓をふまえ、二度と敗戦しないための政策です。この時点で、日中両国の国力はまだ明らかに清が上でした。軍艦の大きさでも、定遠・鎮遠という二隻の巨艦は日本海軍の遠く及ばない規模でした。日本にとって、中国はあこがれの対象から、西洋諸国に負けないために東アジアの覇権をめぐって争うライバルへと変身していたのです。

よく言われる「追いつき、追い越せ」は、西洋諸国に対してだけではなく、中国（清）に対してのものでもありました。両者の利権が衝突するのは、朝鮮でした。ここを舞台に、一八九四年、日清戦争が起こるわけです。

次回はいよいよ最終章、近現代の日中関係という、重い話題を取り扱います。

第5章　あこがれから軽蔑へ──近現代

1　近世東アジア海域の三つの類型

ひらかれた海・せめぎあう海・すみわける海

さて、いよいよ近現代について話をしていきましょう。でもその前に復習もかねて東アジアの歴史について大きな見取り図を描き直しておきましょう。

私が加わっていた共同研究では、かつて次のような考察を行いました。近世の東アジア海域は「ひらかれた海」（一二五〇～一三五〇年）、「せめぎあう海」（一五〇〇～一六〇〇年）、「すみわける海」（一七〇〇～一八〇〇年）の三つの類型に分類できるのではないか、と。

まず一二五〇年から一三五〇年まで、わりと自由に往来できた時代のことを「ひらかれた海」と呼びます。日本と中国の関係で言えば、渡来僧の世紀です。こうした状況はモンゴル帝国のもとで東西の交通が自由で盛んだったことによります。陸路もそうでしたが、特に海路が栄えました。

モンゴル帝国はかつて好戦的で残虐なイメージで語られていました。これはヨーロッパの人たちが一三世紀に受けた被害をもとに作り上げたものです。もちろんそうした面がないわけではありませんけれど、同じような残虐行為は他の国々や民族、ほかならぬヨーロッパ人も行っていました。モンゴルだけが突出して残虐だということはありませんん。近年、そうした負のイメージは払拭《ふっしょく》されつつありますが、ヨーロッパではまだまだ根強いようです。

これに対して、一五〇〇年から一六〇〇年、すなわち一六世紀は「せめぎあう海」と定義づけられます。中国・朝鮮・日本でどこも中央政府の権力が弱まり、地方の力が強くなっていく。日本で言えば、室町幕府の衰退に伴う戦国大名の台頭がみられます。中国では明王朝が、朝鮮では朝鮮王朝が、それぞれ政治的な危機を迎えていました。中央の権力が弱まり、地域の各勢力が自らの利害のために蠢《うごめ》き合う。その象徴的な事例が倭寇です。お互いに押し合いへし合いし、「ここまでは俺のものだ」「いや違う」という小競り合いがしょっちゅう起こりました。

　そして一六世紀の終わり、豊臣秀吉が二〇万もの軍隊を率いて朝鮮まで攻めていき、明・朝鮮連合軍と大戦争をしました。これはこの世紀における、世界で最大規模の戦争だったといいます。たしかに、西ヨーロッパでも一六世紀には宗教戦争が起こっていますが、軍団の規模はせいぜい数千です。秀吉の出兵は「せめぎあう海」の象徴的な事件であると同時に、国家権力同士の衝突という点においては、中央権力が復活する次の時代の幕開けを意味するものでもありました。

　日本軍は明や朝鮮とせめぎ合った末に撤退します。日本にとってこれは敗戦ですが、そこで中国に占領されたわけではありません。ある意味では引き分け状態と見ることもでき、これを契機に豊臣政権は徳川政権すなわち江戸幕府にその座を譲ります。

　つづいて一七世紀なかばには中国で明清交代という大事件があり、それ以降しばらくは漢族の抵抗による戦乱の時代が続きましたが、一八世紀に入ると安定した秩序が生まれます。日本では江戸幕府、朝鮮では朝鮮王朝が国内秩序を回復するとともに対外関係を掌握・監視し、互いに平和共存する時代となります。この一七〇〇年から一八〇〇年までの状況を「すみわける海」と言います。

「ひらかれた海」も平和だったという点で「すみわける海」と同じですが、取り巻く状況は異なります。「ひらかれた海」ではモンゴル世界帝国の傘のもとで交易活動が展開していました。「すみわける海」では日本・清《しん》・朝鮮・琉球《りゅうきゅう》・ベトナム、それぞれの国家権力が強まるとともに、それぞれが自分の領土をしっかり管理するようになります。それは互いに干渉しない、無用な諍《いさか》いを起さないということです。

たとえば、海のなかに島があったとして、それがどちらの国に所属するかというようなことで、青筋を立てて力まない。「まあ、漁船や貿易船の緊急避難所として、非常時にみなで自由に使いましょう」ということにしておく。それぞれが自己主張する境界はあっても、そのことを荒立てて外交問題にしない。それが「すみわける」ということです。

平和共存の崩壊

しかし一九世紀になると、この状況が崩れます。「すみわける海」がその後も続けば東アジアで平和共存の状況が続き、日本と中国も仲良くできたでしょう。日本人は中国文化にたいして強いあこがれを持っているため、落語の中に中国の笑い話を取り入れたり、あるいは中国人がつくる漢詩や、中国人が書く手紙を真似したりして喜んでいた。ところが、明治時代になるとそれが崩れてしまいます。

これにはいくつかの原因がありますが、一番大きい要因はやはり西洋の衝撃（Western Impact）です。日本のみならず、中国や朝鮮も懸命にこれに対応しようとしました。ただし、それぞれの国の対応の方法とその結果は異なります。

もっとも早くこの問題、「西洋の衝撃」に直面したのは、中国です。

清は一八世紀には世界でいちばん栄えていた国でした。人口が急増し、一八世紀はじめには一億五〇〇〇万人程度だったのが世紀のおわりには四億人近くに達しました。

この世紀の大半、六〇年間にわたって皇帝の位にあった乾隆帝《けんりゅう》（在位は一七三五〜一七九五年、その後も一七九九年に亡くなるまで上皇として権力を掌握）は領土の拡大に意欲的で、ジュンガル（モンゴル族のうち清に対抗していた勢力）、東トルキスタン（ウイグル族などイスラム教徒の居住区で、併合後に「新しい領土」という意味の新疆《しんきょう》と命名）を軍事制圧したほか、従来から友好関係にあったチベットを軍事援助する過程で服属させていきました。こうして西方に大きく版図を拡げ、これが現在の中華人民共和国の国境線の基礎となっています。

それを支えていたのは技術改良などによる農業生産力の向上とフロンティア開発、それを活かした商工業の発展です。一七九三年、イギリスはマカートニーという人を派遣して清に貿易拡大を求めましたが、乾隆帝は「わが国は領土が広く物産も豊富なので、お前の国と貿易する必要を感じない」と、にべもなく突っぱねています。

ところが、一九世紀にはいると、貧富の差や地域間格差など経済面での問題が噴出し、清の統治はほころびを見せるようになりました。こうしたなか、イギリスは対清貿易赤字を解消する手段として麻薬のアヘンを売りつけてきます。特命大臣林則徐が断固その取り締まりを行ったところ、イギリスは艦隊を派遣して戦争を起こしたのでした。アヘン戦争（一八四〇〜一八四二年）です。

清は負け、沿岸五港（広州・厦門《あもい》・福州・上海、それにあの寧波《にんぽー》）を自由貿易港とし、香港島をイギリスに割譲するなどの条件で講和条約（南京条約）を結びます。これに便乗してフランスなど他の西洋諸国も追随し、第二次アヘン戦争（一八五六〜一八六〇年）を経て清の国際的地位はさらに低下、加えて弱り目に祟《たた》り目で国内では太平天国《たいへいてんごく》の乱が生じ、その鎮圧には西洋諸国に軍事援助してもらわなければなりませんでした。

一部の官僚たちはこうした状況を深刻に捉え、経済力と軍事力の増強すなわち富国強兵のための洋務運動を起こします。地方の総督になった者たちはその任地で自分の指揮下に海軍を作ります。その中心人物のひとりが太平天国討伐で名をあげた李鴻章《りこうしょう》で、その北洋艦隊は一八九〇年代前半にはアジア最大・最強の海軍でした。

日清戦争

朝鮮は一七世紀前半に明にかわった清に対する朝貢国となっていました。清の皇帝が漢族ではなく満州《まんしゅう》族であることを内心軽蔑し、自分たちこそが中華文明の伝統を守っている嫡流であると自負しました。そのためキリスト教を禁圧し、一九世紀なかばの西洋人の来航に対しても攘夷の方針をとりました。これを衛正斥邪《えいせいせきじゃ》（正義を守り邪教をしりぞける）といいます。やがて洋務運動に影響された開化派が勃興し、両勢力の対立が朝鮮国内の権力闘争と絡み、開化派を支援する清や日本の干渉を招きます。

伝統的な朝貢冊封《ちょうこうさっぽう》関係では国内政治は自治に任されていましたが、一九世紀終盤には清の政府、というより担当大臣の李鴻章が朝鮮政府を牛耳るようになります。これに反発する一派は日本に接近し、朝鮮は日清両国の角逐の場と化していました。

日本では一八世紀末にはイギリスやロシアの軍艦がやってきて通商を求めるようになっていましたが、アヘン戦争の情報が伝わると西洋諸国への警戒をいっそう強めました。そうしたなか、一八五三年にアメリカのペリーが来航し、翌年日米和親条約、一八五八年にはハリス公使と日米修好通商条約を結ぶことになり、他の西洋諸国とも同様の条約を締結します。

こうして「開国」するわけですが、その手続をめぐる幕府のやり方への反感、貿易にともなう生活必需品の物価上昇などから倒幕運動が起こり、一八六七年に大政奉還が行われ、第一五代将軍・徳川慶喜は政権を返上しました。翌一八六八年に明治維新が成就し、明治政府が成立します。日本は西洋式の近代国家になることを目指し、西洋に追いつき追い越せを旗印に富国強兵の国づくりを進めていく。

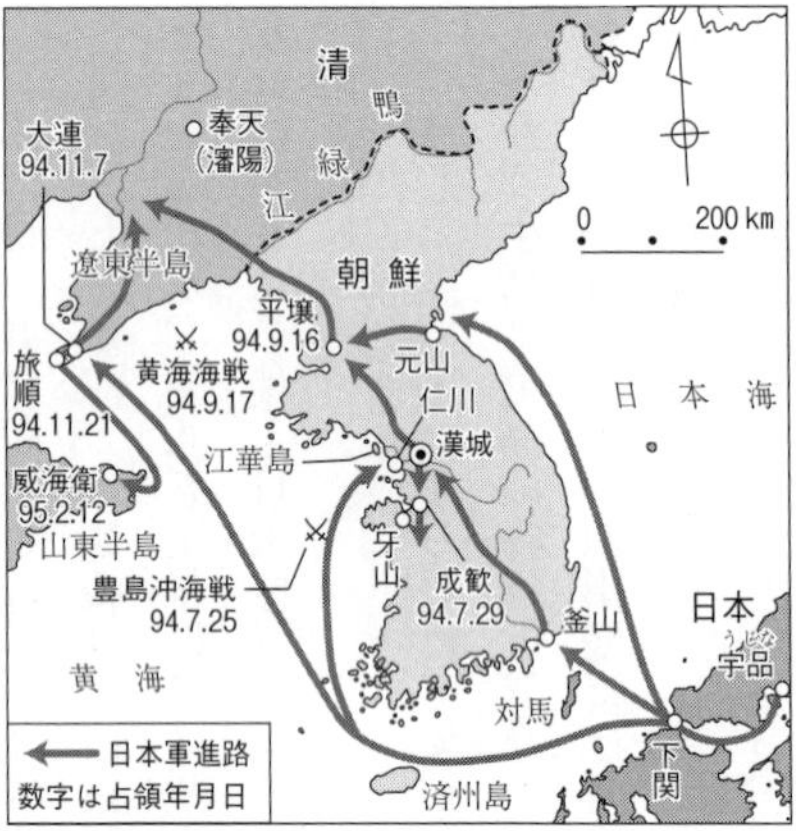

日清戦争要図

その一方で、中国をそれまでのようなあこがれの対象としてではなく、ライバルとみなすようになります。東アジアの覇権、朝鮮をめぐって両者は「すみわける」のをやめ、正面衝突しました。日清戦争です。

　朝鮮（朝鮮王国）をどうするか、すなわち清側の立場としては従来どおり朝貢国にしておきたい、日本側の立場としてはその関係を断ち切らせて日本と同盟を組むことで北のロシアに対する防波堤にしたい、いずれにせよ朝鮮の国民の心情とは別のところ、両国のエゴイズムがぶつかりあったのが日清戦争でした。戦場は当初の朝鮮国内から中国領内、いわゆる満州へと移動していきます。

　開戦当初、伊藤博文《いとうひろぶみ》ら日本政府の首脳は「大国である清と戦争して、はたして勝ち目はあるのだろうか」と逡巡《しゅんじゅん》していたといいます。しかし、彼らも拍子抜けするくらい、日本軍は簡単に清軍を打ち負かしました。

その理由はいくつか考えられるのですが、そのひとつとして、この戦争は「日本vs清国」の全面戦争ではなく、「オール日本vs李鴻章率いる中国北方軍（北洋艦隊と朝鮮駐屯軍）」の戦いだったことが挙げられています。清では国中が一丸となって外敵にあたるという状態にありませんでした。むしろ、李鴻章のライバルたちは彼が負けて失脚することを願っていました。これに比べると、明治維新を経た日本は、たしかに近代国家として一人前に成長していたのです。日清戦争には、かつて薩長にいじめられた東北の人たちも参戦し、日章旗のもとで戦っていました。

2 教育勅語の思想背景

教育勅語は大事？

さて、ここでいったん日清戦争前に戻り、明治時代の日本における中国思想の影響について述べておきましょう。一八九〇年に発布された「教育ニ関スル勅語」、いわゆる「教育勅語」です。今でも一部の人たちが「内容的にはすばらしいのに、戦後教えてこなかったのはけしからん」と主張しているシロモノです。たしかに、教育現場で教材には使われてこなかったため、みなさんはその名前は知っていても、読んだことがないかもしれません。

「教育勅語」は、ひとことで言えば、皇帝を中心とする中国的な国家システムを称賛しています。幸い、二〇一七年三月一四日に松野博一文部科学大臣が「学校で「教育勅語」を教えても構わない」とおっしゃっていますので、あらためて読み返してみましょう。

なお「教育勅語」は、本来であれば校長先生が起立して読み上げ、生徒は起立して頭を下げて聞くのが正式な学び方です。これを奉読式といいます。畏《おそ》れ多くも明治天皇陛下のおことばということになっている文章だからです。ですので、生徒・児童が声を揃えて勅語を読むなどというのは、戦前なら不敬罪で捕まる行為です。「教育勅語は大事だ」と主張する人たちこそ、少しはこういう歴史を勉強してもらいたいものです。

朕《ちん》惟《おも》フニ我《わ》カ皇祖《こうそ》皇宗《こうそう》國《くに》ヲ肇《はじ》ムルコト宏遠《こうえん》ニ徳《とく》ヲ樹《た》ツルコト深厚《しんこう》ナリ我《わ》カ臣民《しんみん》克《よ》ク

忠《ちゅう》ニ克《よ》ク孝《こう》ニ億兆《おくちょう》心《こころ》ヲ一《いつ》ニシテ世々《よよ》厥《そ》ノ美《び》ヲ濟《な》セルハ此《こ》レ我《わ》カ國體《こくたい》ノ精華《せいか》ニシテ教《きょう》育《いく》ノ淵源《えんげん》亦《また》實《じつ》ニ此《ここ》ニ存《そん》ス爾臣民《なんじしんみん》父母《ふぼ》ニ孝《こう》ニ兄弟《けいてい》ニ友《ゆう》ニ夫婦《ふうふ》相和《あいわ》シ朋友《ほうゆう》相信《あいしん》シ恭儉《きょうけん》己《おのれ》レヲ持《じ》シ博愛衆《はくあいしゅう》ニ及《およ》ホシ學《がく》ヲ修《おさ》メ業《ぎょう》ヲ習《なら》ヒ以《もっ》テ智能《ちのう》ヲ啓發《けいはつ》シ徳器《とくき》ヲ成就《じょうじゅ》シ進《すすん》テ公《こう》益《えき》ヲ廣《ひろ》メ世務《せいむ》ヲ開《ひら》キ常《つね》ニ國憲《こくけん》ヲ重《おもん》ジ國法《こくほう》ニ遵《したが》ヒ一旦緩急《いったんかんきゅう》アレハ義勇《ぎゆう》公《こう》ニ奉《ほう》シ以《もっ》テ天《てん》壤無窮《じょうむきゅう》ノ皇運《こううん》ヲ扶翼《ふよく》スヘシ是《かく》ノ如《ごと》キハ獨《ひと》リ朕《ちん》カ忠良《ちゅうりょう》ノ臣民《しんみん》タルノミナラス又以《またもっ》テ爾祖先《なんじそせん》ノ遺風《いふう》ヲ顯彰《けんしょう》スルニ足《た》ラン

斯《こ》ノ道《みち》ハ實《じつ》ニ我《わ》カ皇祖皇宗《こうそこうそう》ノ遺訓《いくん》ニシテ子孫臣民《しそんしんみん》ノ倶《とも》ニ遵守《じゅんしゅ》スヘキ所之《ところこれ》ヲ古今《ここん》ニ通《つう》シテ謬《あやま》ラス之《これ》ヲ中外《ちゅうがい》ニ施《ほどこ》シテ悖《もと》ラス朕爾臣民《ちんなんじしんみん》ト倶《とも》ニ拳々服膺《けんけんふくよう》シテ咸其徳《みなそのとく》ヲ一《いつ》ニセンコトヲ庶幾《こいねが》フ

明治二十三年十月三十日

御名御璽《ぎょめいぎょじ》

御名というのは明治天皇の名前（睦仁《むつひと》）、御璽というのは「天皇御璽」という大きい印鑑のことです。勅語の正本には署名があり、押印《おういん》されていました。

中国由来の「教育勅語」

実は「教育勅語」は日本独自のものではありません。一三九七年、明の洪武帝《こうぶ》（朱元《しゆげん》璋《しょう》）は六諭《りくゆ》というものを発布しています。「教育勅語」が発布される五〇〇年前ですね。「明の建国と明治維新の五〇〇年という差はそのまま、中国と日本における文明の成熟度の差である」というのが私の持論です。元号が一世一元になる（中国は一三六八年の明建国以来、日本は一八六八年の明治改元から）のがまさにそうですが、この勅語の例もこの持論を証明してくれています。

六諭というのは儒教の倫理道徳を庶民に浸透させるための教訓で、清ではこれが増訂されて一六箇条になっています。では書き下し文で読んでみましょう。

父母に孝順なれ。
長上を尊敬せよ。
郷里に和睦せよ。

子孫を教訓せよ。
各々生理に安んぜよ。
非為を作《な》すなかれ。

江戸時代に、八代将軍・徳川吉宗は儒学者の荻生徂徠《おぎゅうそらい》や室鳩巣《むろきゅうそう》に六諭の注釈を書くよう命じ、普及をはかりました。明治時代になって六諭のようなもの、つまり国民の道徳にかんする天皇の諭告《ゆこく》（「諭吉」という字に似てますが違いますよ！）を出すべきだという議論が盛り上がり、その結果「教育勅語」がつくられたのです。たしかに勅語には六諭と似た儒教道徳を説いた箇所があります。「父母ニ孝ニ兄弟ニ友ニ夫婦相和シ朋友相信シ恭倹己レヲ持シ博愛衆ニ及ホシ」といったあたりで、勅語擁護派の人たちが「人類に普遍的な道徳で、なんら問題ない」と言う箇所です。

しかし、問題はなぜそれらの道徳が大事かという点です。勅語ではそうすることで一人前の「臣民」になり、「一旦緩急アレハ義勇公ニ奉シ以テ天壌無窮ノ皇運ヲ扶翼スヘシ」としています。いわゆる忠君愛国です。天皇家は「天壌無窮《てんじょうむきゅう》（この宇宙とともに永

争のことです。

ぬ自衛戦争ではなく、日本が世界の強国であることを示すために天皇の名で行われる戦

のために命を捨てて戦えと言っているのです。国民の生命・財産を守るためのやむをえ

遠に続く)」であるから、「爾臣民《なんじ》(お前たち家来ども)」はこの「皇運(天皇家の繁栄)」

明の六諭も同じです。なぜ家族や近隣と仲良くし、生業に励み、罪を犯すなといって

いるのか。それは明の政治秩序、皇帝制度を守るためです。君主(皇帝・天皇)が国民

に対して道徳性を高めよと要求するのは、国民自身のことを思うからではなく、自分が

頂点に立っている現行システムを盤石なものにしたいからなのです。「教育勅語」を

「拳拳服膺《けんけんふくよう》(大事に守る)」することに私が同意できない理由はここにあります。

こういうことをきちんと知らないと、一部の文言にだまされて「すばらしい」と思っ

てしまいます。その成立経緯を知らないと「日本に伝統的にある考え方」だと誤解して

しまいます。ある人が中国を見下していても、それはそれとして思想言論の自由で容認

したいと私は思いますけれど、そういう人こそ中国由来のこうした考え方を批判すべき

です。本居宣長《もとおりのりなが》が漢詩に対して和歌のすばらしさを説いたように、中国由来の儒教的な

教育勅語は日本の「国体（国のすがた）」に合わないと主張すべきです。

もっとも、そもそも本居宣長が理想とした「物のあはれを知る心」をもつ人は、こんな肩肘張った教訓を金科玉条にしたりはしないはずです。教育勅語を信奉する人たちは、宣長のことばを借りれば「からごころ」つまり中国的な感性の持ち主だと、私は思います。

3 清から中華民国へ

日清修好条規

江戸時代、日本と清とは互市《ごし》（国交はないが貿易はする）の関係でした。江戸にいる徳川将軍（対外的には「大君《たいくん》」と称していました）も清の皇帝も、互いの存在自体は認識していましたが、こちらは朝貢する気はないし、あちらもあえて朝貢を求めて（元のフビライのように）軍隊を送るつもりはありませんでした。

明治維新のあと、日本は清に西洋式の外交関係樹立をもちかけます。開国政策によって両国間の貿易がさらに拡大していたからです。ともすると、幕末維新期の開国によって西洋諸国との貿易が増えたとだけ認識されていますが、実はこの時期を通じて最大の貿易相手国はあいかわらず清でした。それまでは長崎に清の商人が来航して交易するだけで、鎖国政策のもと日本人が寧波や上海に渡航はできませんでしたし、清の商人が神戸や横浜に来ることもできませんでした。

ところが、状況は一変します。政府間の公式な関係がないことは、自国民保護の観点からも不便でした。一八七一年、日清修好条規が締結されます。この条約は、両国が西洋諸国と結ばされた諸条約と違って、対等な条約でした。署名したのは両国をそれぞれ代表する大蔵卿《おおくらきょう》（いまの財務大臣）の伊達宗城《だてむねなり》と、直隷総督李鴻章です。幕末史に詳しい人なら「あれ？」と思いますよね。伊達宗城はかつての伊予宇和島《いようわじま》藩主、賢人藩主として有名で、四侯会議のメンバー（あとの三人は薩摩の島津久光《しまづひさみつ》、土佐の山内容堂《やまうちようどう》、越前の松平春嶽《まつだいらしゅんがく》）として大政奉還を導き出した立役者のひとりですよ。

さて、日清修好条規でおもしろいのは、両国の折衝文書には漢文を用いるとされた点です。私たちの感覚では、漢文は中国語ですから相手国（清）の固有言語で、そうすると、日本にとっては不平等ということになります。いま、たとえばロシアと平和条約を結んで「今後の外交折衝ではロシア語を使いましょう」となったら、日本国内から批判殺到ですよね。でも、当時の日本人にとって漢文は日本語の正式な書記形態でした。東アジアの共通語として、朝鮮、ベトナム、それに当時はまだ独立国だった琉球を含めて、漢文は中立的な地位を保っていたのです。これらの諸国で英語の読み書きができる人が、まだほんの一握りという時期ですから。

日清戦争のもたらしたもの

こうして相互対等・友好互恵で始まった日清関係ですが、先ほど述べたように、やがて朝鮮をめぐって対立するようになります。清は属国として朝鮮を自国の支配下に入れておきたい。日本はそうした旧来の形式を廃止して朝鮮も一人前の西洋風主権国家にすることで、日本との関係を深めさせたい。両国の思惑は食い違い、朝鮮国内の騒乱（東《とう》学党《がくとう》の乱）にともなう出兵をきっかけに軍事衝突に発展し、日清戦争が起こります。

その結果、清国自慢の北洋艦隊は壊滅、伊藤政権は李鴻章を山口県の下関に呼びつけて講和条約を締結します。当時の内閣総理大臣伊藤博文や第一軍司令官としてこの戦争で活躍した山縣有朋《やまがたありとも》の故郷は長州（山口県北部）でした。ここ下関に清の事実上の首相である李鴻章を呼びつけて降参させることは、郷里の誉れだったのでしょう。

日清戦争を境に日本人の中国観は大きく変わったといわれます。開戦時、伊藤博文でさえ「清国と戦争して本当に大丈夫なのか」とだいぶ悩んだそうです。

その理由は二つあります。まず、本当に勝てるのかという不安がありました。前にも言ったように、この時の国力・軍事力では清が日本を圧倒していました。もし負ければ自分たちが苦労してつくった明治政府は瓦解し、清の占領下に置かれる可能性がある。そうなったら明治維新以降の努力は水の泡になってしまいます。

そしてもう一つの理由は、あこがれの国である中国にたいして鉄砲を向けていいのかという躊躇《ちゅうちょ》です。日本にとって古くからの先生だった中国。西洋諸国の世界制覇に対抗すべく、かたや明治維新、かたや洋務運動でともに国力増強に励んできた仲です。戦いあうのはイギリスやロシアの思うつぼ。それよりも一致協力してそれら西洋諸国に立ち向かうべきではないか、と。しかし、戦勝後、日本は中国と組むというより、中国や朝鮮を付き従える東アジアの盟主として西洋諸国に対抗する途を選びます。

日清戦争の結果、中国は台湾を日本に割譲します。日本政府は台湾総督府を設けて統治することになります。日本と台湾の関係についても紹介すべき事項が多くありますが、割愛させてもらいます。

中国では敗戦に衝撃を受け、李鴻章のように単純な富国強兵政策ではなく、政治制度を根本的に変革する必要があると考える人たちが増えました。彼らの一部は皇帝の主導で明治維新のような近代国家を建設しようとしました。康有為《こうゆうい》を中心とする変法自彊運《へんぽうじきょううん》動《どう》です。変法では手ぬるいと考え、清は満州族が支配民族なのでこれを打倒し、漢族による共和国をつくろうとする革命運動も生まれます。

紆余曲折ののち、革命が成功して一九一二年に中華民国《ちゅうかみんこく》が成立しました。孫文《そんぶん》が海外の亡命生活から帰国して国家元首（臨時大総統）となります。しかし、袁世凱《えんせいがい》という李鴻章の部下で清の官僚だった人物が総統として権力を握ったり、清の頃からの地方総督たちの流れを汲《く》む軍閥《ぐんばつ》が各地に割拠したりして、中央集権的な近代国家とはほど遠い状況でした。そうしたなか、孫文の後継者・蔣介石《しょうかいせき》が根拠地広東《かんとん》省から「北伐《ほくばつ》」と称して北京まで攻め上り、南京に首都を置いて全国を統治する政権を樹立しました。一九二八年のことです。

これで中国にも平和が訪れ、日本との善隣友好関係が成立するようにも見えました。ところが、その三年後、一九三一年に満州事変が勃発します。以後、一九四五年に日本が降伏するまで、一五年間にわたって日中両国は戦いつづけることになります。

4「中国の人たちには心を入れかえてもらいたい」

日本国民は軍部のプロパガンダにだまされたのか?

二〇一七年春、森友学園の理事長（当時）だった籠池泰典さんがニュースを賑わせました。彼が経営していた幼稚園では、「教育勅語」や四書のひとつ『大学』の暗唱を園児にさせており、それがネット動画で公開されていたのです。「教育勅語」は今述べたように儒教が基礎にありますし、『大学』はれっきとした儒教の古典です。つまり、籠池さんは儒教思想を現代の幼児教育に活かそうと考えていたのでしょう。あこがれの対象としての中国は、この人のなかに脈々と受け継がれている気がします。

しかし、その一方で、彼は上から目線で「中国や朝鮮は嫌いだ。あの人たちには心を入れかえてもらいたい」と言っていました。今から八〇年前、日本中の人たちがこれと同じことを言っていた。一部の軍人・政治家だけではなく、ごく普通の人たちがそう考えていた。これは、日中間に生じた不幸な歴史の中核に位置する大事なポイントだと思います（朝鮮のことももちろん重要ですが、本書では割愛しています）。

満州事変以降、一九三〇年代に日本はなぜ中国と戦争する道を選んだのか。日本の国民は軍部の巧みなプロパガンダにだまされ、戦争に引っ張られていった。そういう歴史認識を強調する人もいますが、私はそうは思いません。それどころか軍部・政府は、国民に引きずられている。普通の日本国民が「あんなやつら、やっつけちまえ。あいつらが心を入れかえるまで、徹底的に痛めつけてやれ」と言っていた。そういう面が強いように思います。

日本は日清戦争のあとも絶えず中国に軍隊を派遣していました。義和団《ぎわだん》事件（北清《ほくしん》事変）、日露《にちろ》戦争（主要戦場は満州です）、第一次世界大戦（山東省に駐留していたドイツ軍への攻撃）、蔣介石との何度かの武力衝突。

そして、一九三一年九月一八日、奉天《ほうてん》（今の瀋陽《しんよう》）郊外の鉄道線路が何者かによって

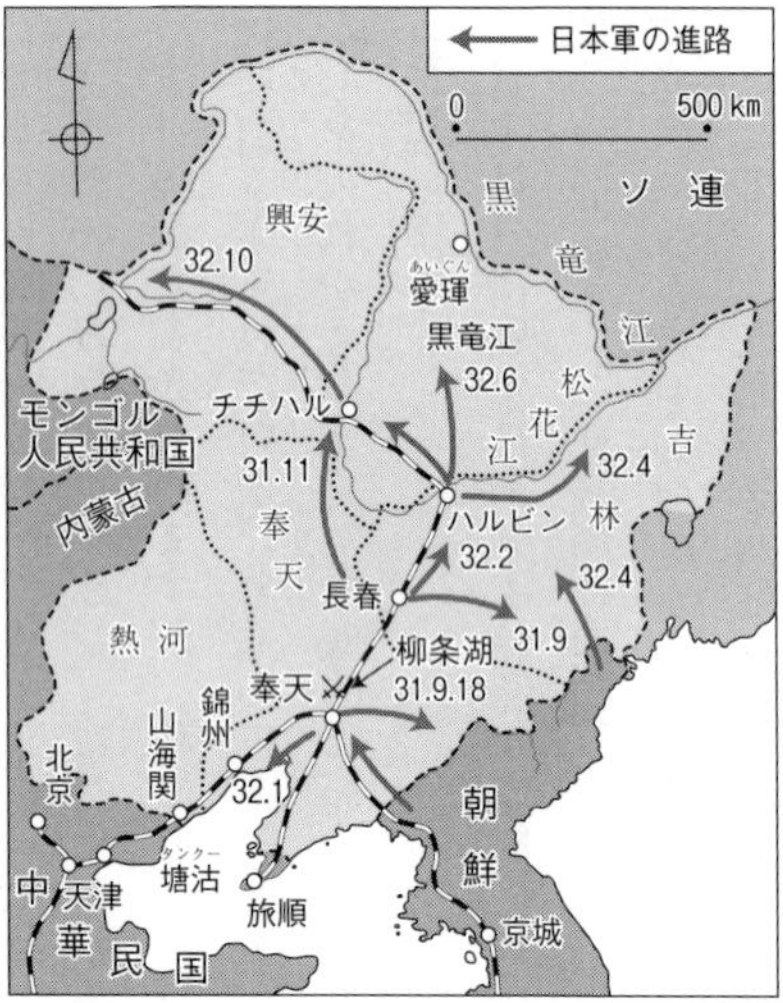

満州事変要図

爆破されました（柳条湖《りゅうじょうこ》事件）。この鉄道、南満州鉄道（満鉄）は日本が日露戦争の結果ロシアから権益を奪ったもので、この地方（当時の呼び方で満州）の交通の大動脈でした。この爆破事件を口実にして、関東軍（日本が直接統治していた遼東《りょうとう》半島にいた日本陸軍の一部隊）は満州全域を制圧します。いわゆる満州事変です。翌年この地方を中華民国から独立させて満州国を建国します。政府や軍・警察を日本が掌握し、事実上の植民地でした。

蔣介石政府が国際連盟にその不当を訴えたため、調査団が設置されます（リットン調査団）。その報告にもとづく国際連盟の決議は、日本の満州での行為は「自衛」ではないと断定し、満州国の中国からの分離独立を認めないとする内容でした。日本はこれを不服として連盟を脱退します。

この頃、中国国内では毛沢東《もうたくとう》率いる共産党が力を増していました。蔣介石はその掃討《そうとう》作戦に力を注ぎ、日本の侵略対策は二の次となりました。これに乗じて日本は民国の領域北部、満州国との境界地帯にも進出し、軍隊を常駐させます。こうして、一九三七年七月七日、盧溝橋《ろこうきょう》事件が発生します。北京（当時の呼称で北平）郊外で日中両軍が偶発的に衝突、その処理がうまく行かずに戦線がどんどん拡大し、日本軍は年末にはついに首都の南京を攻略するに至りました。このかん、蔣介石は毛沢東と和解し、挙国一致で抗日戦争を遂行することを約束します。

暴支膺懲

盧溝橋事件の半月後、七月二一日に「暴支膺懲《ぼうしようちょう》国民大会」というのが開かれました。盧溝橋事件が日本で報道されたのは九日なので、実質的には一二日後です。私にしてみれば、ここで「暴支膺懲」という漢語が出てくるところが悲しい。大和言葉で「あらぶる唐《から》の国をこらしめんとする民草《たみぐさ》の集《つど》い」とでも言うならまだわかるのですが、「暴支膺懲国民大会」というのは全部漢字の音読み、すなわち中国語で名づけられている。もっとも中国語の正しい語順なら「膺懲暴支」ですけれど。ともかく、これは大和言葉（本来の日本語）ではありません。中国のことば、中国の思想なのです。「膺」も「懲」も「こらしめる」という意味で、儒教の春秋学という分野で昔から使われている用語です。

この大会の数日後、さらに一般国民の感情を逆撫《さかな》でする事件が起こります。七月二九日、中国の通州という町で暮らしていた在留邦人二〇〇人以上が殺害、それも言うに忍びないしかたで虐殺されるという事件が起こりました（通州事件）。ここでも不幸な行き違いがあってこうなったのですが、この事件が日本で報道されると日本国民は当然のことながら激高し、「暴支を断固膺懲すべし」という声が一層高まりました。なお、殺害された人たちはみな当時の「大日本帝国臣民」ですが、その半数は「半島人」と呼ばれる朝鮮出身の人たちでした。

近衛声明と南京事件

同年八月一五日、「帝国政府声明」を内閣総理大臣・近衛文麿《このえふみまろ》が出します。近衛は藤原道長の直系の子孫で、先祖は代々摂政や関白を務めてきました。そのため私は彼のことを「昭和の関白殿下」と呼んでいます。

此《かく》の如《ごと》く支那側が帝国を軽侮し不法暴虐至らざるなく全支《ぜんし》に亘《わた》る我が居留民の生命財産危殆《きたい》に陥《おちい》るに及んでは帝国として最《も》早隠忍《はやいんにんそ》其の限度に対し支那軍の暴戻《ぼうれい》を膺懲し以て南京政府の反省を促す為《ため》今や断固たる措置をとるの已《や》むなきに至れり。

「支那」はわが大日本帝国のことを馬鹿にし、乱暴狼藉のかぎりを尽くしている。全土のわが居留民の生命財産が危うい状態になっているので、日本はもう見過ごすことはできないので、やむをえず「支那軍」の所行をこらしめて南京の蔣介石政府に反省を促すための軍事行動をとる、と。中国に軍隊を送ることを正当化しているわけですから、これは明らかに侵略戦争ですが、建前としてはそうではない。日本国民の生命・財産を守るための自衛策として軍隊を派遣するのだと言っています。

日中戦争要図

一九三七年一二月一三日、当時の中華民国の首都・南京が陥落し、現地ではいわゆる南京事件が起きました。この事件（中国では「南京大屠殺」といいます）をめぐっては、いまなお議論沸騰《ふっとう》状態です。

私は「南京では一切の虐殺がなかった」とも思わないし、逆に（中国での公式見解のように）「三〇万人がひどい殺され方をした」とも考えません。死者の数はそのあいだのどこかの数値だったのでしょう。

でも、死者の実数を解明することよりも重要なことは、この事件が中国の人たちの間で語り伝えられ、今も記憶として深く広く定着しているという事実です。事件そのものの事実の究明も大事ですが、事件の記憶にもとづく国民感情が、この問題の深層にあります。

5　相手によかれと思う行動の危うさ

日本政府は国民感情に後押しされ、引くに引けなくなっていました。近衛文麿の声明も中国に対してというよりは、日本国民に向けて出されたものです。わが政府は今まで外交交渉で蔣介石・中華民国と上手くやろうと努力してきたが、盧溝橋事件が起きてしまった。とにかくあいつらはひどい。われわれは今まで我慢に我慢を重ねてきたが、これからは断固たる措置をとる、と。国民はこれに拍手喝采するわけです。南京が陥落したと聞いてみんな万歳をし、東京では祝賀の提灯行列が行われました。

日本の軍事進出の目的は侵略ではなく、「支那人」を改心させることでした。

「自分たちは支那が西洋諸国の植民地にならないように守ってやっているのだ。ところが蔣介石は自分の権力を手放したくないものだから、国内では共産主義者の毛沢東と手を結び、国外では西洋諸国の軍事援助を得てわが日本に抵抗している。この頑迷固陋《がんめいころう》な蔣介石を倒し、真の中華民国政府に支那を統一させ、満州国など周辺諸国とともに、日本を盟主とする東アジアを築きあげたい。そうすれば西洋諸国は手も足も出せなくなるだろう。私たちは君たち支那人が幸福になるようにと願って軍隊を派遣してやっているのだから、抵抗するのをやめて協力しなさい」

これが当時の多くの日本人の考え方でした。もちろん、侵略を非難する人たちもいましたし、口ではこう言っていても心では自分の金儲けを企んでいる人たちもいました。そうではありますが、あくまでも相手のための出兵、「支那」の国民のための解放戦争であるというのが日中戦争の（日本にとっての）本質でした。だからこそ、私は両国の関係は不幸だったと思います。

侵略する側が「俺たちはお前の国を侵略するぞ」と言い、侵略される側は「冗談じゃない。断固として戦うぞ」と言う。こうして起こる戦争は、お互いに誤解がないのでまだ幸せなほうです。しかし日本はこの時、「あなたたちはなぜ蔣介石や共産主義者をかくまうのか。そういう悪い奴らをやっつけなければ、あなたたちは国際的に孤立してしまいますよ」と言っている。つまり日本は、よかれと思って中国に軍事進出している。少なくとも国民感情としてはそうです。しかし中国の人たちにしてみれば、自分たちが住んでいる街を焼かれるわけですから、日本は歴然たる侵略者です。

現代の世界でも、これと同じことが起きていますね。自他ともに認める世界最強の国家が、「自由のため」とか言って、特に西アジアの国々に干渉している。当人は「人類が共有する普遍的な価値」（自由のことです）をその国の人たちが取り戻せるように、悪い独裁者や邪悪な宗教を討滅してあげるのだという意識でしょうが、そのせいで当該国の多くの一般国民が殺されたり家を焼かれたりしています。

今のところ、日本国の「自衛隊」と呼ばれる軍事組織はそこまでやらされずに済んでいますが、最近はこの世界最強国家の事実上の朝貢国になっているので、これから先はどうなるかわかりません。若いみなさんが、しっかり自分の頭で考えて、日本の針路を決めていってください。

6　中国に対する二重のイメージ

あこがれと嫌悪

日本は八〇年前、「中国の人たちに心を入れかえてほしい」という思いで軍隊を派遣したわけですが、それはいったいなぜなのか。日本人は中国について二重のイメージを持っており、今もなおそれは変わりません。二重のイメージとは漢としての中国と、支那としての中国です。

漢というのは文化的なあこがれの対象です。たとえば漢詩・漢文・漢語などがそうですね。日本は「漢委奴国王」にしてもらって以来、中国を国づくりのモデルとし、あこがれの対象として見てきた。この感情は明治・大正、さらには昭和の戦争中も続いています。

大日本帝国憲法をはじめとする戦前の法律や「教育勅語」、「暴支膺懲」などといった政府のスローガンはすべて漢文調で、彼らはそれが誇らしいと感じている。「暴支膺懲だ!」と言いながら、その表現が中国風であるということ自体には誰も突っ込みを入れない。「暴支膺懲というのは敵国の言葉じゃないか。なぜ大和言葉で言わないのか」とか、「本居宣長先生が言ったように物のあはれを知ることが日本人の特性なのだから、肩肘張って暴支膺懲などと中国人の言い方を真似るのは、日本の伝統に対する冒瀆《ぼうとく》だ」とか、私の知るかぎりそういう声を上げていた人はいません。

幼稚園児に漢文調の「教育勅語」を暗唱させ、それを誇りとしていながら、「中国や朝鮮には心を入れかえてもらわないと困る」と言う人たちがいます。その人たちをいったんはすばらしいと讃《たた》え、自分の名前をその宣伝に使うことを許していた政治家がいます（この件がわからない人は、二〇一七年に起きた大きな出来事を調べてみてください）。この人たちは古い中国にたいするあこがれを持つ一方で現実の中国は忌《い》み嫌っています。だから、「心を入れかえてほしい」と思っているのです。

蘇州夜曲

中国にたいするこの二重のイメージは、日中戦争中にも現れています。たとえば西條八十作詞・服部良一作曲の「蘇州夜曲《そしゅうやきょく》」という歌謡曲があります。一九四〇年、日中戦争の最中に公開された長谷川一夫主演の『支那の夜』という国策映画の中で、相手役の李香蘭《りこうらん》がこの曲を歌っています。この映画は日本人船員と中国人女性の恋愛ものです。長谷川一夫は昭和を代表する二枚目スターですね。李香蘭は山口淑子《よしこ》という日本人でありながら、当時は中国人と称して女優活動をしていた。彼女は終戦後、中国で逮捕されましたが、裁判で中国人でないことが証明され、無罪となり国外追放となりました。帰国後は山口淑子の名前でしばらく芸能活動をし、一九七四年から一九九二年までの一八年間、参議院議員を務めました。

当時の日中両国のスターが共演する恋愛映画で中国の人たちに「中国と日本はこんなに仲がいいんですよ。たしかに蔣介石のように悪いやつがいるので軍隊を送って占領していますけれども、日本人はこんなに中国のことが好きなんですよ」とアピールしている。そして日本国内でも「日本はこんなに中国のことを大事にしているんですよ」とアピールしている。

映画の中では李香蘭が蘇州夜曲を歌いますが、同年に発売されたレコードでは霧島昇と渡辺はま子が歌っています。この曲は文字通り蘇州が舞台で「君がみ胸に抱かれて聞くは／夢の舟唄　鳥の歌」という歌詞で始まります。歌詞は三番まであり、最後は「鐘が鳴ります　寒山寺」というフレーズで終わります。これは唐の詩人・張継の「楓橋夜《ふうきょうや》泊《はく》」という七言絶句から取っています。こんな詩です。

月落烏啼霜満天（つきおちからすなきて　しもてんにみつ）
江楓漁火対愁眠（こうふうのぎょか　しゅうみんにたいす）
姑蘇城外寒山寺（こそじょうがい　かんざんじ）
夜半鐘声到客船（やはんのしょうせい　かくせんにいたる）

これは『唐詩選』に収録されており、江戸時代以降、人口に膾炙《かいしゃ》していました。中華民国を相手に戦争をしている時でも、漢詩を愛好するという文化的伝統が映画の中に生かされている。蘇州という旅情あふれる土地に象徴される中国文化と、戦争相手としての蔣介石率いる現実の中国。このふたつは交錯しつつ、当時の映画や歌の中に現れているのです。

7　日本の敗戦と戦後

中国の抗日戦争

「昭和の関白殿下」近衛文麿は、一九三八年一一月三日に「東亜《とうあ》新秩序《しんちつじょ》」声明を出します。親日的な汪兆銘《おうちょうめい》政権（南京国民政府）をつくり、蔣介石（重慶《じゅうけい》国民政府）とは縁を切って相手にしないことにした。そして南京陥落後に蔣介石が逃げ込んだ重慶に対して、日本軍は何度も空襲を行いました。この重慶空襲は日本ではあまり知られていませんが、多くの民間人が命を落としています。日本としては悪い蔣介石とその支持者たちを抹殺し、友好的な汪兆銘が中国全体を統治する環境づくりが目標でした。満州国や、植民地の台湾・朝鮮をあわせて、日本を盟主とする東アジアの政治秩序を作る、これが近衛の東亜新秩序建設構想です。

しかし、西洋諸国は黙っていませんでした。彼らは蔣介石を全面的に支持し、重慶に物資を援助して日本の空襲に屈しないようにさせます。日本はこの「援蔣ルート」を断ち切る計画を立て、イギリス・フランス・アメリカとの対立が進みます。

ヨーロッパで第二次世界大戦が勃発するとフランスはドイツに降伏したので、日本軍はその植民地だったインドシナ半島に進駐します。これに対して、アメリカ（A）、イギリス（ブリテンのB）、中国（チャイナのC）、オランダ（ダッチのD）によるＡＢＣＤ包囲網が生まれます。オランダはインドネシアを植民地にしており、そこで採れる石油は日本にとって必需品でした。これら各国の禁輸措置は、日本をしめあげます。そうしてついに、日本は米英両国に宣戦布告するのです。いわゆる太平洋戦争の始まりです。つまり、「あの戦争」は中国問題が原因で起こった戦争なのです。

私の同僚の加藤陽子さんが書いた（本書と同じく高校生相手の講義がもとになった）『それでも、日本人は「戦争」を選んだ』と『戦争まで』は、なぜこの戦争が起きたのか、なんとか避ける道はなかったのか、どこで道を間違えたのかを考えさせる良書です。ただ、私は一点だけ物足りなさを感じます。中国が主体として登場しない点です。

当時、中国には蔣介石の政府とは別に、南京を首都とするもうひとつの中華民国がありました。また東北地方には満州国があり、西の方はチベット人やウイグル人が半独立の国家を運営していました。満州国は日本の傀儡《かいらい》国家ですし、南京政府やチベットも日本に好意的でした。また、蔣介石は抗日戦争で毛沢東の共産党と共闘していましたけれども、両者はそもそも犬猿の仲で、相手が日本と戦って戦力を落とすことを期待していました。そうすれば、自分たちの勢力を伸ばせるからです。

このように、中国国内にはいくつもの政治主体が併存し、それらが日本やアメリカ・

ロシアを利用することで、自分の権益を確立しようとしていたのです。「悪逆非道な日本が、善良無垢《むく》な中国を一方的に侵略した」という単純なお話ではありません。蔣介石夫人の宋美齢《そうびれい》は英語が流暢《りゅうちょう》、西洋風のマナーを身につけていました。彼女はアメリカで反日宣伝を行い、その世論を蔣介石に同情的なものへと誘導します。アメリカを抗日戦争に巻き込もうとしたのです。

太平洋戦争

いろいろな思惑が交錯するなか、一九四一年一二月八日（イギリスやアメリカの日付では七日）、日本国は米英両国に宣戦布告します。宣戦布告に合わせてハワイの真珠湾を攻撃し、イギリス領だったマレー半島を攻撃しています。

この時、昭和天皇は開戦詔書を出しました。そこにはアメリカ・イギリス自体のことよりも、中国が問題であるという主張が述べられています。彼はこの詔書で、蔣介石支援を不当に続ける米英両国にたいする「自存自衛のため」に戦争するのだと宣言しているのです。

蔣介石を支援するアメリカ・イギリスは、日本にたいして「今後は石油を輸出しない」と言ってきました。日本では石油が採れませんから、これは困りますよね。経済制裁を受ければ、わが国の存立は危うくなる。それならと、日本は自存自衛のため、アメリカ・イギリスとの戦争に踏み切るのです。大日本帝国にとって、これはあくまでも自衛のための戦争でした。このことをぜひ肝に銘じてください。「あの戦争」は、仕掛けた日本側の考えではあくまでも自衛戦争だったのです。

一九四二年、枢軸国《すうじく》（日本・ドイツ・イタリア）に敵対する国々はUnited Nations（連合国）をつくります。米英中ソの四カ国がこれを発議し、二六カ国が参加しました。フランスではナチスの傀儡《かいらい》であるヴィシー政権が支配していたため、この時点では参加しておらず、ドイツが負けてヴィシー政権が崩壊してから加わります。

一九四五年以降、日本ではUnited Nationsのことを国際連合と呼んで区別しています。同じUnited Nationsでも、呼び方が違うのです。でも、中国語では今も国連のことを「聯合国《リエンホークオ》」と言います。ニューヨークにある国際連合は、日本やドイツと戦うための同盟が起源にあるのです。当時中核にあった五カ国（アメリカ・イギリス・中国・ロシア・フランス）は安全保障理事会の常任理事国であり続けている。つまり彼らにとって、日本はずっと敵国なのです。国連憲章にはいまだに、旧枢軸国を対象とする敵国条項があります。

大戦終結――ふたつの中国

結局、日本・ドイツ・イタリアは戦争に負けました。日本の場合は一九四五年七月二六日に米英中三カ国によって提示されたポツダム宣言を、八月一四日に受諾して降伏します（ソビエト連邦〈ロシアを中心とする形式上の連邦国家〉は七月時点ではまだ日本と交戦していませんでしたが、八月九日に宣戦布告して宣言に加わりました）。日本はアメリカだけに負けたのではありません。日本はアメリカのみならずイギリス・中国・ソ連に対しても負けたのです。中国（蔣介石の重慶国民政府）は、日本に対する戦勝国になりました。

これにより満州国や汪兆銘の南京国民政府は自然消滅します。存在しなかったことにされたのです。蔣介石は南京に戻り、中華民国の再建に着手します。しかし、彼の基盤はすでに揺らいでいました。毛沢東率いる共産党が力をつけ、内戦が勃発します。その結果、一九四九年一〇月に北京を首都とする中華人民共和国が成立しました。蒋介石は台湾に逃れ、中華民国国民政府を名乗り続けます。こうして「ふたつの中国」ができてしまいました。

一九五六年に短期間だけ内閣総理大臣をつとめた石橋湛山《いしばしたんざん》は、一九六〇年、池田《いけだ》勇人《はやと》内閣の外交政策に対する要望を論文にしています。

全人類の四分の一にも達する隣の大国が、今ちょうど日本の明治維新のような勢いで建設の途上にある。それをやがて破綻するだろうと期待したり、また向こうから頭を下げてくるまで待とうとするような態度が、はたして健康な外交であろうか。戦後十五年を経て、すでに戦後の時代は去ったようにいう人もあるが、今次大戦の中心は中国にあったのであり、その日中戦争を終息せしむることこそ戦争終結のための最大の課題ではないか。(「池田外交路線に望む」)

実はこれは二〇一八年のセンター入試日本史（Bでは第六問）に出題された文章です。設問は、石橋がこの時の政府（池田内閣）の対中政策を評価しているのか疑問を呈しているのかというものと、当時日本は民国・人民共和国どちらと平和条約を結んでいたかをたずねるものでした。みなさんはわかりますか？

正解は「この時、日本は中華民国（台湾の国民政府）とのみ平和条約を結んで外交関係をもち、池田内閣もこれを踏襲しようとしていたので石橋はそれを批判した」ということになります。大陸にある人民共和国とも公式な関係を結ぶことこそが「今次大戦」の真の終結であるというのが彼の認識でした。

結局、池田内閣も次の佐藤栄作内閣も、台湾との関係を継続させ、毛沢東政府を無視し続けます。一九七二年に田中角栄内閣が成立してやっと大陸との外交関係を結びますが、それはアメリカのニクソン大統領が電撃的に北京を訪問した半年後でした。

つかの間の「蜜月」——戦後の日中関係

一九七八年には福田《ふくだ》赳夫《たけお》内閣が日中平和友好条約を締結し、こうしてやっと石橋の願いが実現しました。この条約には「反覇権条項」と呼ばれる一節があります。中国がソ連を意識して条約に盛り込むことを強硬に主張し、日本側が婉曲な表現にすることを求めて妥協したしろものです。両国自身を含む特定の国家が東アジアで覇権を握ろうとした場合に、両国は一致してこれに反対するという内容です。今ではロシアやアメリカではなく、私にはこの条約の一方の当事国こそがこの条項に抵触する行動をしているように見えます。

平和友好条約締結後の日中関係は「蜜月（ハネムーン）」といわれる友好ムードでした。私はその時流に乗って大学で中国語を学習し、中国思想の研究者になった者です。その意味では「時代の子」なのかもしれません。

いまの若い人には信じられないかもしれませんが、まだまだ経済基盤・インフラが未整備だった中国に、日本の企業は積極的に進出しました。侵略戦争への負い目、罪滅ぼしの感情があったかもしれません。ただそこに、「上から目線」があったことも見逃せないでしょう。

私自身、日本がアメリカにつぐ世界第二位の経済大国だったのと比べて、文化大革命

（一九六六年に毛沢東が発動した権力闘争の手段で、彼の死とともに一九七六年に事実上終了した）で疲弊した中国を「かわいそう」と思っていました。はじめて中国をバックパッカーとして旅行した一九八五年には、日本の学生が自分の小遣いで高級ホテルに宿泊し、贅沢な料理を注文することができました。両国には大きな格差があったのです。

この頃、パリの繁華街では有名ブランドの店に日本人が押し掛けていました。フランス語に「爆買い」にあたる単語が生まれたかどうか知りませんが、まさにそういう状況でした。一方、中国大陸の人たちは海外に自由に渡航することはできず、学会などで外国に行った場合も食事代を節約して自室で過ごしていたのです。

しかし、この頃始まっていた改革開放政策、特に一九九二年の鄧小平《とうしょうへい》によるいわゆる南巡講話（私は留学先の台湾でそのニュースを見ていました）によって中国の経済発展は加速度を増していきます。日本が一九六〇年代に経験した高度経済成長をしのぐ成長ぶりで、二一世紀を迎える頃には文革直後とは様変わりする状況となりました。

この間、商取引の諍いごとが頻発したりすることで対中友好ムードは冷めていきます。そして、二〇〇五年や二〇一二年には大規模な反日運動が起きて商店が壊され商品が盗まれる出来事があり、中国への反感が国民感情として芽生えます。それはまるで二〇世紀前半に中国各地で生じた日本人殺傷事件に対する反感を思わせるものでした。暴れる中国側にもそれなりの理由があるわけでしょうが、それが伝わることで日本側はますます中国を蔑視するようになります。「嫌中」ということばが作られ、悲しいことに、定着していきます。

8　日中関係の現状と課題

これまで、中国との二千年に及ぶ歴史を振り返ってきましたが、今はどのような状況で、これから取り組むべき課題は何なのか。最後に問題提起をしておきますので、あとはみなさん各自で考えてみてください。

現在、日本と中国は公的には一九七八年に締結された日中平和友好条約の文言に沿った関係を保っているはずです。その全文は外務省のホームページで見ることができますので、ぜひ読んでみてください（http://www.mofa.go.jp/mofaj/area/china/nc_heiwa.html）。理想と現実の乖離はありますが、この条約は今なお生きています。この種の条約にはたいてい綺麗ごとが書かれているものですが、そのような高い理想こそが日中関係の根本にあるべきです。

しかし実際には、みなさんもご存じのように尖閣諸島の問題があります。また、今もなお戦争賠償問題が尾を引いています。たとえば、七三一部隊細菌戦国家賠償請求訴訟というのがあります。これは二〇〇七年にひとまず結審し、裁判としては解決済みになっていますが、詳しいことについては上田信《まこと》さんの『ペストと村――七三一部隊の細菌戦と被害者のトラウマ』(風響社、二〇〇九年)をお読みになっていただければと思います。

上田さんはこの訴訟において、中国の原告団の証言を補強する証拠を裁判所に提出した方で、いわゆるネトウヨの人たちからは「日本国民の恥」と批判されています。しかし、かつて日本陸軍に存在した七三一部隊が細菌戦に使用する生物兵器の研究・開発のためと称して、人体実験を実施していたことは事実です。

あるいは、先ほども触れた重慶大爆撃賠償請求訴訟です。二〇一五年、東京地裁は原告の請求を棄却する判決を出し、二〇一九年一二月に最高裁もこれを支持しました。しかし、日本側は重慶爆撃で被害を被った人たちに賠償金を払う必要がないと言っただけであって、空襲によって民間人を殺傷したこと自体は事実として認定しています。

　私も最近まで、重慶爆撃についてはよく知りませんでした。日本人は空襲というと東京大空襲や広島・長崎の原爆投下など、アメリカからこうむった自国の被害ばかり強調しがちです。そういう話は子どもの頃からしばしば聞かされ、映像も繰り返し見せられているので「戦争ってひどいものだな。これは二度と繰り返してはいけない」と思う。しかしそれと同時に、日本は加害者でもありました。重慶では日本の爆撃機により、多くの一般市民が命を落としたのです。

　現在、アメリカ・イスラエルやロシアが西アジアの国々に爆弾を落として町が破壊され、子どもが泣き叫んでいる。あるいはマスコミにインタビューされ「家族が死んだ」と訴えている。テレビのニュースではしばしばそういう映像が流れます。日本もあれと同じことをやっていたのです。ですから、中国には「日本は俺たちにあんなひどいことをしたんだから、その報いとして原爆を落とされて当然だ」と考える人もいるようです。そう思うことをけしからんと言うのは簡単です。しかし、なぜ彼らがそう思うのか、自分の身に引き寄せて考える想像力を、私たちは大事にしなければいけません。

「あいつらはけしからん」と声高に叫び、「心を入れかえてもらいたい」と主張することは容易にできます。でも、それで問題は解決しません。いや、解決させる手段がひとつだけありますね。戦争で白黒をつけることです。

八〇年前、日本はその選択をして負けました。その雪辱を果たすためにもう一度戦争を仕掛けるという道はたしかにあるでしょう。そしてそれに勝てば中国に謝罪をさせ、「心を入れかえ」させることもできるでしょう。しかし、それはまちがいなく両国ともに悲惨なことになる道です。

日本と中国は一九七八年の日中平和友好条約で「仲良しの関係になりましょう」と誓い合ったわけですが、人々の記憶のなかであの戦争はいまだに終わっていません。みなさんと同様に私も戦後生まれです。高校生諸君の祖父母もすでにほぼ戦後世代で、自分では戦争の記憶をもたない人たちでしょう。

しかし、今もなお戦争のときに起こった問題で未解決のものがたくさんあります。これらは容易に片付く問題ではありません。でも、だからこそ、まさに「自存自衛」のために中国との共存共栄を図り、少しでも事態を改善させていきましょう。なにしろ日本は二千年間そうしてきたのですから。そのなかから両国を良好な関係に保つための知恵が、きっと見つかるはずです。一方、この長い歴史のなかには、二〇世紀前半のものをふくめて何度かの失敗がありました。私たちはそれらと同じ誤りを繰り返さないためにも、二千年間の日中関係の歴史を学ぶ必要があるのです。

参考文献

本書のもとになった連続講演の準備では多数の先行研究から学ばせてもらいました。本書の形に直すにあたっては、その後刊行された新しい研究もあわせて参照しています。限られた頁でその全部を列記紹介することはできませんので、読者のみなさんが本書の内容に関心を持ったらぜひ読んでもらいたいものに絞って取り上げました。ですから必ずしも私が参照した版ではなく、また初出時の論文や単行本というわけでもなく、のちに文庫化されたり全集・著作集などに収録されたりしている場合はそちらを掲げました。また、日本語のものに限定しました。

佐藤信・五味文彦・高埜利彦・鳥海靖（編）『詳説 日本史研究［改訂版］』（山川出版社、二〇〇八年）

五味文彦・鳥海靖（編）『もういちど読む山川日本史』（山川出版社、二〇〇九年）

※本文中の地図は、両書を参照し作成した。

北岡伸一・歩平（編）『「日中歴史共同研究」報告書』（勉誠出版、二〇一四年）第1巻 古代・中近世史篇

第2巻　近現代史篇

『網野善彦著作集』第17巻「「日本」論」（岩波書店、二〇〇八年）
神野志隆光『「日本」――国号の由来と歴史』（講談社学術文庫、二〇一六年）
内藤湖南『日本文化史研究』（講談社学術文庫、一九七六年）
三谷博『愛国・革命・民主――日本史から世界を考える』（筑摩選書、二〇一三年）
府川源一郎『消えた「最後の授業」――言葉・国家・教育』（大修館書店、一九九二年）
加藤陽子『それでも、日本人は「戦争」を選んだ』（新潮文庫、二〇一六年）
加藤陽子『戦争まで――歴史を決めた交渉と日本の失敗』（朝日出版社、二〇一六年）
井上章一『日本に古代はあったのか』（角川選書、二〇〇八年）
森浩一『倭人伝を読みなおす』（ちくま新書、二〇一〇年）
渡邉義浩『魏志倭人伝の謎を解く――三国志から見る邪馬台国』（中公新書、二〇一二年）
河内春人『倭の五王――王位継承と五世紀の東アジア』（中公新書、二〇一八年）
河添房江『源氏物語と東アジア世界』（ＮＨＫブックス、二〇〇七年）
『石井正敏著作集』第1巻「古代の日本列島と東アジア」（勉誠出版、二〇一七年）
大庭脩『古代中世における日中関係史の研究』（同朋舎出版、一九九六年）
内藤湖南『中国近世史』（岩波文庫、二〇一五年）
『新編　森克己著作集』全5巻（勉誠出版、二〇〇八年～二〇一五年）
第1巻　日宋貿易の研究

第2巻　続　日宋貿易の研究
第3巻　続々　日宋貿易の研究
第4巻　増補　日宋文化交流の諸問題
第5巻　古代～近代日本の対外交流
東アジア地域間交流研究会（編）『から船往来——日本を育てたひと・ふね・まち・こころ』（中国書店、二〇〇九年）
静永健『漢籍伝来——白楽天の詩歌と日本』（勉誠出版、二〇一〇年）
榎本渉『東アジア海域と日中交流——九～一四世紀』（吉川弘文館、二〇〇七年）
榎本渉『僧侶と海商たちの東シナ海』（講談社、二〇一〇年）
手島崇裕『平安時代の対外関係と仏教』（校倉書房、二〇一四年）
武野要子『博多——町人が育てた国際都市』（岩波新書、二〇〇〇年）
山川均『石造物が語る中世職能集団』（山川出版社、二〇〇六年）
村井章介『東アジア往還——漢詩と外交』（朝日新聞社、一九九五年）
村井章介『増補　中世日本の内と外』（ちくま学芸文庫、二〇一三年）
村井章介（編）『東アジアのなかの建長寺——宗教・政治・文化が交叉する禅の聖地』（勉誠出版、二〇一四年）
村井章介（編）『日明関係史研究入門——アジアのなかの遣明船』（勉誠出版、二〇一五年）
佐久間重男『日明関係史の研究』（吉川弘文館、一九九二年）

高橋公明・大石直正・高良倉吉『周縁から見た中世日本』日本の歴史14（講談社学術文庫、二〇〇九年）
今谷明『室町の王権――足利義満の王権簒奪計画』（中公新書、一九九〇年）
桃崎有一郎『室町の覇者　足利義満――朝廷と幕府はいかに統一されたか』（ちくま新書、二〇二〇年）
田中健夫『増補　倭寇と勘合貿易』（ちくま学芸文庫、二〇一二年）
堀川貴司『五山文学研究――資料と論考』（笠間書院、二〇一一年）
堀川貴司『続 五山文学研究――資料と論考』（笠間書院、二〇一五年）
東アジア美術文化交流研究会（編）『寧波の美術と海域交流』（中国書店、二〇〇九年）
鹿毛敏夫『戦国大名の外交と都市・流通――豊後大友氏と東アジア世界』（思文閣出版、二〇〇六年）
今谷明『戦国期の室町幕府』（講談社学術文庫、二〇〇六年）
速水融『江戸の農民生活史――宗門改帳にみる濃尾の一農村』（ＮＨＫブックス、一九八八年）
荒野泰典『近世日本と東アジア』（東京大学出版会、一九八八年）
大庭脩『江戸時代における中国文化受容の研究』（同朋舎出版、一九八四年）
渡辺浩『東アジアの王権と思想［増補新装版］』（東京大学出版会、二〇一六年）
高山大毅『近世日本の「礼楽」と「修辞」――荻生徂徠以後の「接人」の制度構想』（東京大学出版会、二〇一六年）
加藤祐三『幕末外交と開国』（ちくま新書、二〇〇四年）

坂野潤治『近代日本とアジア――明治・思想の実像』(ちくま学芸文庫、二〇一三年)
藤村道生『日清戦争前後のアジア政策』(岩波書店、一九九五年)
橋川文三(編)『アジア解放の夢――一九三一~一九三七』日本の百年7(ちくま学芸文庫、二〇〇八年)
小島毅(監修)『東アジア海域に漕ぎだす』全6巻(東京大学出版会、二〇一三~二〇一四年)
第1巻　海から見た歴史
第2巻　文化都市　寧波
第3巻　くらしがつなぐ寧波と日本
第4巻　東アジアのなかの五山文化
第5巻　訓読から見なおす東アジア
第6巻　海がはぐくむ日本文化

あとがき

本書は筑摩書房が主催する社会人講座「ちくま大学」の一つとして、土曜日の午後、五回に分けて行った連続講義が基になっている。この講義では主対象を高校生に設定し、学校の教員や一般の人たちにも聴講してもらった。その時の録音を文字に直したうえで、話の順序を変えたり内容の添削をしたりと、かなり大幅な修訂作業を施している。まずは講座に出席し、いくつもの質問を投げかけてくださった方々に感謝したい。

日本と中国との政治外交上の関係は依然として良好とはいえない。ただ、二千年来、その意味での友好関係にあった時期のほうが稀《まれ》だった。しかし、外交関係がなかったり戦争していたりという状態の時期も含めて、日本が中国から受けた文化的な影響は大きく、その恩恵は計り知れない。「仲良くしましょう」というお説教ではなく、「こうだったんですよ」と語りかけることが、この連続講義の目的だった。史実をきちんと見つめてつきあう健全な関係構築にいささかでも寄与するところがあれば、特にプリマー新書が想定している若い人たちの心に響くものがあれば、著者として非常に喜ばしい。

本書の内容に関連する共同研究では、多くの知人・友人、とりわけて家族に多大な迷惑をかけた。今でも人生の汚点として残っている。本書の刊行がその罪を万分の一でも償うものでありますように。

最後に、講座の企画から当日の差配、そしてテープ起こしから編集作業までを担当してくれた、筑摩書房の増田健史さんに深謝。会社の通常業務におわれるなか、丹念に内容を検討してさまざまな助言・提案をしていただいた。本書は私と彼の共著であるといっても過言ではない。増田さん、ぜひまた楽しく本を作りましょう。

令和二年庚子　旧暦正月元日

小島　毅

ちくまプリマー新書 346

子《こ》どもたちに語《かた》る 日中二千年史《にっちゅうにせんねんし》

二〇二〇年三月十日 初版第一刷発行

著者 小島 毅（こじま・つよし）

装幀 クラフト・エヴィング商會

発行者 喜入冬子

発行所 株式会社筑摩書房
東京都台東区蔵前二－五－三 〒一一一－八七五五
電話番号 〇三－五六八七－二六〇一（代表）

印刷・製本 株式会社精興社

ISBN978-4-480-68370-0 C0221 Printed in Japan